Тот, кто получает пощечины

He Who Gets Slapped

Леонид Николаевич Андреев

Leonid Nikolaievich Andreyev

Тот, кто получает пощечины
Copyright © JiaHu Books 2013
First Published in Great Britain in 2013 by Jiahu Books – part of Richardson-Prachai Solutions Ltd, 34 Egerton Gate, Milton Keynes, MK5 7HH
ISBN: 978-1-909669-82-6
Conditions of sale
All rights reserved. You must not circulate this book in any other binding or cover and you must impose the same condition on any acquirer.
A CIP catalogue record for this book is available from the British Library
Visit us at: jiahubooks.co.uk

ДЕЙСТВУЮЩИЕ ЛИЦА	5
ДЕЙСТВИЕ ПЕРВОЕ	7
ДЕЙСТВИЕ ВТОРОЕ	31
ДЕЙСТВИЕ ТРЕТЬЕ	55
ДЕЙСТВИЕ ЧЕТВЕРТОЕ	81

С любовью посвящаю моему другу Сергею Сергеевичу Голоушеву.

Автор

ДЕЙСТВУЮЩИЕ ЛИЦА:

Консуэлла, наездница (по афише - "Царица танго на конях").

Граф Манчини, отец Консуэллы.

Тот, клоун в цирке Брике (по афише - "Тот, кто получает пощечины").

Брике ("Папа Брике"), директор цирка.

Зинида, укротительница львов, жена Брике.

Альфред Безано, жокей.

Господин.

Барон Реньяр.

Джексон, клоун ("Солнце Джексона").

музыкальные клоуны:

Тили

Поли

Томас, Анжелика и другие артисты и артистки цирка Брике.

Действие происходит в одном из больших городов Франции.

ДЕЙСТВИЕ ПЕРВОЕ

В цирке

На сцене - большая, даже огромная, грязноватая комната с оштукатуренными стенами; в левой стене, в арчатой нише, единственное окно куда-то во двор - свет мутен и слаб, так что и днем приходится зажигать электричество. На стене, противоположной рампе, в самом верху, ряд небольших окошечек с запыленными стеклами: эти окна обращены куда-то внутрь цирка, и по вечерам, во время представления, ярко светятся, днем же темны. В этой же стене, над двумя каменными ступеньками, большая, наглухо забитая дверь, окрашенная белой меловой краской. В правой стене, почти в углу, высокая и широкая дверь филенок, с округлым верхом, ведет в конюшни и на арену; днем там темновато, вечером слабо освещено.

Служит эта комната для разных надобностей. Тут и кабинет директора цирка, папы Брике, здесь его маленький письменный столик; тут же раздевальня для некоторых артистов и место сборища для тех же артистов во время спектакля и репетиций. Сваливают сюда и хлам, какие-то поломанные золоченые стулья, декорации от пантомимы, разную мелочь циркового обихода. На стенах яркие афиши-плакаты.

Утро.

В цирке идут репетиции и подготовка к вечернему спектаклю. При открытии занавеса с арены доносятся хлопанье бича и вскрики берейтора. Несколько мгновений сцена пуста, затем показываются два музыкальных клоуна, Тили и Поли, разучивающих новый марш. Играя на маленьких дудочках, они идут от темной двери к окну; звуки приятны, но мелки, и так же мелки и клоунски напыщены и шажки артистов. Одеты они в пиджаки, похожи друг на друга бритыми лицами и ростом; у младшего, Тили, на шее вязаный шарф. Котелки на затылке. Дойдя до окна, - Тили покосился, что за окном, - клоуны поворачивают обратно, маршируют.

Поли *(останавливается).* Стой! Опять наврал. Слушай меня. *(Один играет на дудочке в лицо Тили; Тили рассеянно слушает, почесывая нос.)* Вот. Ну?

Оба играют и идут. В дверях встречаются с директором и Манчини; последний, грызя золоченый набалдашник палки, идет сзади. Граф Манчини худ, тонок, потерт по всем швам, но застегнут наглухо и держится с величайшим изяществом; любит аристократически поигрывать палкой и принимать ослепительные позы, часто смеется, причем все худое, острое лицо его собирается в гримасу сатира. Директор, папа Брике, - невысокий, полный, спокойный человек с несколько нерешительной походкой.

Клоуны дают дорогу; директор вопросительно взглядывает на старшего.

(Коверкая язык.) Наша музыка. Марш муравьев. К пантомиме.

Брике. А!..

Расходятся. Клоуны начинают играть, но Поли останавливается и идет назад. За ним и младший.

Поли. Папа Брике, сегодня Жак плохо работает.

Брике. Отчего?

Поли. У него горло болит. Посмотри, что у него.

Брике. Пойди сюда. Ну-ка, раскрой пошире, пошире! *(Ставит клоуна под свет, у окна, и, нахмурившись, заглядывает в горло.)* Намажь йодом.

Поли. Я говорил, что пустяки. Ну?

Играя, уходят теми же мелкими и важными шажками. Директор садится, Манчини принял позу у стены и насмешливо улыбается.

Манчини. Ты их и лечишь? Смотри, папа Брике, у тебя нет диплома.

Брике. Маленькие советы. Они все очень мнительны.

Манчини. Он просто обжег горло абсентом: эти двое пьянствуют каждую ночь. Папа Брике, я тебе удивляюсь, ты мало следишь за нравственностью! *(Смеется.)*

Брике. Ты мне надоел, Манчини.

Манчини. Граф Манчини к вашим услугам.

Брике. Ты мне надоел, граф Манчини. Ты всюду лезешь и мешаешь артистам работать. Они тебя побьют когда-нибудь, и я не стану отнимать.

Манчини Как человек другого круга и воспитания, я не могу относиться к твоим артистам как равный. Что ты выдумал, Брике? Я и тебе делаю честь, говоря с тобой так фамильярно и совсем запросто...

Брике. Ну, ну!..

Манчини Я шучу. Но если они вздумают напасть на меня, то ты это видал, а? *(Вытаскивает из палки стилет. Любуется сам.)* Полезная вещь! А знаешь, какую девочку я вчера открыл в предместье? *(Смеется.)* Ну, ну, допустим, что ты этого не любишь, у всякого свои вкусы. Но послушай! - ты должен дать сто франков.

Брике. Ни сантима.

Манчини Тогда я беру Консуэллу. Кончено!

Брике. Ты говоришь это каждый день.

Манчини Говорю, говорю! И ты бы сказал, если бы так позорно нуждался, как я. Нет, послушай, - но ведь я должен поддерживать блеск моего имени, а? Ведь если несчастья моего рода привели к тому, что я мою дочь, графиню Веронику, должен был сделать наездницей... для куска хлеба! Для куска хлеба, понимаешь ли ты, чурбан!..

Брике. Ты слишком много бросаешь на девочек. И ты попадешь-таки в тюрьму, Манчини!

Манчини В тюрьму! Нет, но я должен же поддерживать блеск моего рода? *(Смеется.)* Манчини во всей Италии известны тем, что любили девочек, только девочек, - ну, и разве я виноват, что мне приходится платить бешеные деньги за то, что моим предкам доставалось совсем даром? Ты осел, ты парвеню, ты не понимаешь, что такое традиции рода. Я не пью, я совсем бросил карты после того случая... ну, ну, без усмешек! - и если я откажусь еще от девочек, то что останется от Манчини? Один герб! Ну, послушай, ну для традиций - дай сто франков!

Брике. Я сказал, что не дам, и не дам.

Манчини Но ведь целую половину жалованья я отдаю Консуэлле. Или ты думаешь, что я не люблю мое дитя, мою единственную дочь, оставшуюся мне, как последнее воспоминание о ее святой матери? Какая жестокость! *(Делает вид, что плачет, и вытирает глаза кружевным грязноватым платком с короной.)*

Брике. Лучше скажи, что она такая дура, и отдает тебе половину заработка. Ты мне надоел!

Входит Зинида, укротительница зверей, жгуче-красивая, осанистая женщина, со спокойно повелительными движениями, которые на первый взгляд кажутся даже ленивыми. Она - невенчанная жена директора Брике.

Зинида *(Манчини).* Здравствуй.

Манчини Мадам Зинида! Пусть этот варвар, эта грубая душа пронзит меня кинжалом, но даже в его присутствии я не могу сдержать взрыв моей любви. *(Шутовски становится на колени.)* Мадам, граф Манчини просит вас чести быть его женой!

Зинида *(Брике).* За деньгами?

Брике. Да.

Зинида. Не давай. *(Утомленно садится в угол рваного дивана и закрывает глаза.)*

Манчини встает и отряхает колени.

Манчини Герцогиня! - не будьте так жестоки. Я не лев, я не тигр, я не дикий зверь, которых вы привыкли укрощать, - я просто скромное домашнее животное, которое хочет... мня, мня - кушать зелененькую травку.

Зинида *(не открывая глаз).* Мне Джим сказал, что ты держишь для Консуэллы учителя. Это зачем?

Манчини Заботы отца, герцогиня, заботы и неусыпное попечение любящего сердца. Крайние несчастья моего рода, среди которых я вырос, оставили и в ее образовании некоторые пробелы. Друзья мои! дочь графа Манчини, графиня Вероника, почти неграмотна, допустимо ли это? А ты, Брике, ты, грубая душа, спрашиваешь, зачем мне деньги!

Зинида. Он хитрит.

Брике. А чему ты ее учишь?

Манчини Всему. К ней ходил студент, но вчера я его выгнал: влюбился в Консуэллу и мяукал за дверью, как кот. Всему, Брике, чего ты не знаешь. Литературе, мифологии, орфографии...

Входят две молоденькие артистки, в шубках поверх легких костюмов, и утомленно рядышком присаживаются в уголке.

... Я не хочу, чтобы моя дочь...

Зинида. Он хитрит.

Брике. Ты глуп, Манчини. Зачем ты это делаешь? *(Наставительно.)* Ты ужасно глуп, Манчини. Зачем ей знать? Раз она здесь, ей ничего не надо знать о том, понимаешь? Что такое география? Всякий тебе скажет, что это пустяки. А я был бы вдвое счастливее, если бы не знал географии. Будь я министром, я совсем бы запретил артистам читать книги: пусть читают афиши и больше ничего!..

Во время речи Брике входят обаклоуна и еще какой-то артист, тихо и утомленно рассаживаются.

...Теперь твоя Консуэлла - превосходная артистка, а когда ты ее научишь мифологии и она станет читать, она сделается дрянью, развратной девчонкой, а потом отравится. Я знаю их книги, я сам читал, они только и учат, что разврату, да как потом убивать себя.

Первая артистка. А я люблю романы, которые в газетах.

Брике. Ну и дура, ну и пропадешь. Поверьте мне, друзья мои: о том, что там, нам надо совсем забыть. Разве мы можем когда-нибудь понять, что там делается?

Манчини Ты враг просвещения! Ты обскурант, Брике!

Брике. А ты глуп. Вот тебя спросить, ты оттуда - ты чему там научился?

Артисты смеются.

А родись ты в цирке, как и я, ты кое-что знал бы. Просвещение - это глупости и больше ничего. Вот спроси Зиниду, она все знает, что знают и там, и географию, и мифологию, а стала она от этого счастливее? Скажи им, дорогая.

Зинида. Оставь меня, Луи.

Манчини *(сердито).* Наконец - пошел ты к черту. Когда я слушаю твою философию осла, мне хочется содрать с тебя не сто франков, а двести, тысячу! Боже мой, какой осел, хоть и директор. Вот я при них опять говорю: ты мало платишь, скупец, ты должен прибавить Консуэлле сто франков. Послушайте, честные бродяги: кто собирает каждый вечер полный цирк? Вы, два музыкальных осла? Тигры и львы? Очень нужны кому-то эти голодные кошки...

Зинида. Оставь тигров в покое.

Манчини Прости, Зинида, я не хочу тебя обидеть - клянусь честью, я сам в восторге от твоей бешеной смелости и грации, я целую твои ручки, героиня, но что они понимают в геройстве?..

На арене небольшой оркестр наигрывает танго.

(Восторженно.) А вот, вот! Вы слышите? Ну, скажите, честные бродяги: разве не Консуэлла с Безано собирают публику? Их танго на конях, но ведь это... ведь это! Черт возьми, тут не выдержит сам его святейшество папа!

Поли. Это правда. Номер знаменитый. Но ведь идея принадлежит Безано?

Манчини Идея, идея! Мальчишка влюблен, как кот, вот и вся его идея. И что такое идея без женщины? Много ты напляшешь с твоей идеей. Итак, папа Брике?

Брике. Контракт.

Манчини Какой подлый формализм!

Зинида. Дай графу десять франков, и пусть убирается.

Манчини Десять? Ни за что! Пятнадцать! Ну, будет упрямиться, папа, ну, для традиций рода - двадцать, а? Клянусь честью, меньше не могу.

Брике дает двадцать франков.

(Небрежно.) Мерси.

Зинида. Возьми у твоего барона.

Манчини *(поднимая брови, в благородном негодовании).* У барона? За кого ты принимаешь меня, женщина? Чтобы я стал одолжаться у постороннего человека, который...

Зинида. Ты что-то хитришь, ты что-то ужасно хитришь. Я тебя еще мало знаю, но, вероятно, ты ужасный негодяй.

Манчини *(смеется).* Оскорбление из прекрасных уст...

Входит артист, по складу - борец.

Борец. Папа Брике, к тебе какой-то господин с того света.

Артистка. Призрак?

Борец. Нет, как будто живой. Ты видал, чтобы призраки были пьяны?

Брике. Если пьян, то откажи ему, Томас. Он именно ко мне или к графу?

Борец. К тебе. Может быть, он и не пьян, а просто призрак.

Манчини *(охорашиваясь).* Человек из общества?

Борец. Да. Я его позову, папа Брике, и ухожу. До свиданья.

На арене хлопанье бича, вскрики; звуки танго то

затихают совсем, то звучат близко и громко. *Здесь молчание.*

Брике *(касаясь руки Зиниды)*. Устала?

Зинида *(отводя его руку)*. Нет.

Поли. Сегодня твой рыжий лев неспокоен, Зинида.

Зинида. Ты его напрасно дразнишь.

Поли. Я играл ему из "Травиаты". И он очень мне подпевал. А что бы поставить этот номер, папа Брике?

Томас вводит господина и показывает пальцем: вон директор. Сам уходит, тяжело переваливаясь. Господин - человек не первой молодости, с безобразным, но живым, смелым и несколько странным лицом; одет в дорогое пальто-сюртук с меховым воротником, шляпу держит в руке, перчатки.

Господин *(кланяясь и улыбаясь)*. Имею удовольствие видеть господина директора?

Брике. Да. Садитесь. Дай-ка стул, Тили.

Господин. О, не беспокойтесь. *(Оглядывается.)* Это ваши артисты? Очень приятно.

Манчини *(оправляясь и слегка наклоняя голову)*. Граф Манчини.

Господин *(удивленно)*. Граф?

Брике *(неопределенно)*. Да, граф.... А с кем имею честь?

Господин. Я еще сам не знаю. Ведь вы все выбираете себе имена, да? Но я еще не выбрал, вы мне потом посоветуете. Кой-что я уже и придумал, но, знаете, все выходит слишком... литературно!

Брике. Литературно?

Господин. Да. Пахнет выдумкой.

На него с удивлением смотрят.

Мне кажется, что эти два господина - клоуны. Я так рад... Позвольте пожать вашу руку. *(Встает и с приятной улыбкой жмет руки клоунам.)*

Те делают идиотское лицо.

Брике. Но позвольте... чем, однако, могу служить?

Господин *(все с той же приятной и доверчивой улыбкой).* Это не вы служить, а я служить! Я хочу у вас служить, папа Брике.

Брике. Папа Брике? Но вы совсем не похожи...

Господин *(успокаивая).* Это пройдет. Я буду похож. Вот эти господа сейчас сделали замечательное лицо... хотите, повторю? Вот. *(Делает идиотское лицо, точно подражая клоунам.)*

Брике. Да. *(Невольно.)* А вы не пьяны, сударь?

Господин. Нет. Я вообще не пью. А разве я похож на пьяного?

Поли. Есть-таки.

Господин. Нет, я не пью. Это просто особенность... моего таланта!

Брике. Ты раньше где служил? Жонглер?

Господин. Нет, но я рад, что ты почувствовал во мне товарища, папа Брике. К сожалению, я не жонглер и... я нигде не служил. Я просто так.

Манчини Но вы имеете вид человека из общества.

Господин. О, вы мне льстите, граф! Я просто так.

Брике. Что же ты... вы хотите? Должен сказать, что у меня все занято.

Господин. Это не важно. Я хочу быть клоуном, если позволите.

Некоторые улыбаются. Брике начинает сердиться.

Брике. Что же ты умеешь? Знаешь, это ты многого захотел. Ну, что ты умеешь?

Господин. Ничего. Разве это не смешно: ничего не уметь?

Брике. Нет, не смешно. Любой бездельник умеет столько же.

Господин *(беспомощно, но все улыбаясь, оглядывается).* Можно что-нибудь придумать...

Брике *(с иронией).* Литературное?

Тихо входит клоун м и с т е р Д ж е к с о н и, незамеченный, останавливается позади господина.

Господин. Да, можно и литературное. Например, что вы скажете о маленькой, но хорошенькой речи... ну, хотя бы на религиозную тему? Так, маленький диспут между клоунами.

Брике. Диспут? Провались, милый, здесь не академия.

Господин *(огорченно).* А жаль! Что-нибудь такое... легкую шутку о сотворении мира или об его управлении?

Брике. А комиссар? Не годится.

Джексон *(выступая).* Об управлении миром? Оно тебе не нравится? Мне тоже... давай руку.

Брике *(знакомя).* Наш главный клоун, знаменитый Джексон.

Господин *(в восторге).* Боже мой, это вы? Позвольте горячо пожать вашу руку, вы столько наслаждения доставили мне вашим гениальным...

17

Джексон. Очень рад.

Брике *(пожимая плечами).* Вот хочет быть клоуном, посмотри, Джим.

По знаку Джексона господин поспешно снимает пальто и бросает на стул. Готов к осмотру. Джексон, поворачивая, критически осматривает его.

Джексон. Клоуном, хм! Повернитесь-ка... Хм! Для клоуна... да... улыбнитесь-ка, пошире, пошире! Разве это улыбка! Так. Положим, задатки есть, но для полного развития... *(С огорчением.)* Ты, пожалуй, и сальто-мортале не умеешь?

Господин *(вздыхая).* Нет.

Джексон. А сколько тебе лет?

Господин. Тридцать девять. Поздно?

Джексон, свистнув, отходит.

Брике *(холодно).* Мы не нуждаемся в ваших услугах, сударь.

Молчание.

Зинида *(тихо).* Возьми его.

Брике *(гневно).* Но, черт побери, что же я буду делать с ним, если он ничего не умеет. Он просто пьян!

Господин. Честное слово, я не пьян. Благодарю вас за поддержку, сударыня. Вы не знаменитая ли г-жа Зинида, укротительница львов, царственная красота и смелость которой?..

Зинида. Да. Но я не люблю, когда мне льстят.

Господин. Это не лесть!

Манчини Ты просто не привыкла к людям из общества, душа моя! Лесть! Господин искренно и в прекрасных словах выражает свой восторг, а ты... это невоспитанность, Зинида. Что касается меня...

Входят Консуэлла и Безано в костюмах.

Консуэлла. Ты здесь, папа?

Манчини Да, дитя мое, ты не устала? *(Целует ее в лоб.)* Моя дочь, сударь, графиня Вероника, по сцене знаменитейшая Консуэлла, царица танго на конях... изволили видеть?

Господин *(кланяясь).* Я был восхищен... Изумительно.

Манчини Да, это признано всеми. А как вам нравится имя? Consuelo! Я взял его из романа госпожи Жорж Занд, оно значит - "утешение".

Господин. Какая блестящая начитанность!

Манчини О, пустяки. Несмотря на ваше эксцентричное желание, я вижу, сударь, что вы человек моего круга; и должен вам сказать, что только роковые несчастья древнего рода... Sic transit gloria mundi[1], сударь!

Консуэлла. Надоел, папа. А где же мой платок, Альфред?

Безано. Вот, возьми.

Консуэлла *(господину).* Это настоящий венецианский - вам нравится?

Господин *(вторично кланяясь Консуэлле).* Мои глаза ослеплены. Такая красота! Нет, папа Брике, чем больше я смотрю, тем больше хочу остаться с вами. *(Делает тупое лицо простака.)* С одной стороны - граф, с другой...

Джексон *(одобряя).* Это недурно. Послушай, раскинь же мозгами, придумай, кем ты можешь быть. Здесь каждый думает за себя.

---

1 Так проходит земная слава - *лат.*

Молчание. Господин думает, приложив палец ко лбу.

Господин. Придумать, придумать... Эврика!

Поли. Это значит: нашел. Ну?

Господин. Эврика! Я буду у вас тем, который получает пощечины.

Общий смех, даже Брике улыбнулся.

(Глядя на всех и улыбаясь.) Видите: вот вы и рассмеялись. А разве это легко?

Все становятся серьезны. Клоун Тили вздыхает.

Тили. Да, это нелегко. Ты засмеялся, Поли?

Поли. Я очень засмеялся. А ты?

Тили. Я тоже. *(Наигрывает на губах, подражая инструментам, весело-печальный мотивчик.)*

Джексон. Тот, который получает пощечины? Это недурно.

Господин. Не правда ли? Мне самому очень нравится, это вполне соответствует свойствам моего таланта. Знаете, товарищи: я и имя для себя придумал... я буду называться Тот. Хорошо?

Джексон *(обдумывая).* Тот? Недурно.

Консуэлла *(певуче).* Какой он смешной! Тот - как собака. Папа, есть такие собаки?

Внезапно Джексон наносит пощечину, искусственную, господину. Тот отшатывается и бледнеет.

Господин. Что?!

Общий хохот покрывает его слова.

Джексон. Тот, кто получает все пощечины! Или ты не получил?

Поли *(коверкая язык).* Он говорит: ему мало.

Господин улыбается, потирая щеку.

Господин. Такая внезапность и быстрый переход к делу... Но странно: ты меня не ударил, а щека горит?

Снова смех. Клоуны кричат утками, петухами, лают и скулят. Зинида, что-то сказав Брике и бросив взгляд на Безано, выходит. Манчини принимает вид скучающего человека и смотрит на часы. Выходят обе артистки.

Джексон. Возьми его, папа Брике, он будет нас шевелить.

Манчини *(смотря на часы).* Но имейте в виду, что папа Брике скуп, как Гарпагон. И если вы думаете поправить ваши дела, то вы горько ошибаетесь... *(Смеется.)* Пощечина, что такое пощечина? Здесь это разменная монета, полтора франка дюжина. Вернитесь в общество, там вы заработаете больше. Мой друг маркиз Джусти за одну пощечину - вы представьте! - за одну маленькую оплеуху получил пятьдесят тысяч лир!

Брике. Не мешай, Манчини. А ты займешься им, Джексон?

Джексон. Могу.

Поли. А музыку ти любишь? Например, сонату Бетховена на метле или Моцарта на бутилках?

Тот. Увы - нет! Но я буду бесконечно благодарен, если вы научите меня. Клоун! Это было моей мечтой с детства. Когда мои школьные товарищи увлекались: одни - героями Плутарха, другие - светом науки, я мечтал о клоуне. Бетховен на метле! Моцарт на бутылках! Это как раз то, чего я всю жизнь искал. А костюм? О друзья мои, мне надо поскорее костюм.

Джексон. Видно, что ты ничего не понимаешь. Костюм - это надо, понимаешь *(прикладывает палец ко лбу)*, очень долго думать. Ты видал солнце у меня на этом месте? *(Хлопает себя сзади.)* Я его искал два года!

Тот *(восторженно)*. Я буду искать!

Манчини Ну, а нам пора. Консуэлла, дитя мое, тебе надо одеваться. *(К Тоту.)* Мы завтракаем у барона Реньяра - мой друг, банкир.

Консуэлла. Я не поеду, папа. Альфред сказал, что мне надо сегодня еще поработать.

Манчини *(в ужасе поднимая руки)*. Но, дитя мое! - в какое положение ты меня ставишь? Я обещал барону, барон будет нас ждать... нет, это невозможно! Я даже вспотел.

Консуэлла. Альфред говорит...

Безано *(сухо)*. Ей надо поработать. Ты отдохнула? Идем.

Манчини Но это - черт знает что! Послушай, ты, Безано, жокей, ты с ума сошел? Я тебе позволил для интересов искусства несколько позаняться моей дочерью, но...

Консуэлла. Оставь, папа, какой ты глупый. Нам надо же работать. Завтракай один с твоим бароном. Ах, папа, ты опять не взял чистого платка? Я же вчера выстирала тебе два чистых, куда ты их девал?

Манчини *(краснея от стыда)*. Мне мое белье стирает прачка, а ты еще играешь в куклы, Консуэлла. Это глупо! Ты болтаешь, не думая, а эти... господа могут представить Бог знает что. Глупо! Я ухожу.

Консуэлла. Хочешь, я напишу ему записочку?

Манчини *(злобно)*. Записочку! Над твоими записочками лошадь засмеется! До свиданья! *(Уходит, сердито играя* *палкой.)*

За ним почтительно следуют музыкальные клоуны, наигрывая похоронный марш.Тот и Джексон смеются. Артисты постепенно расходятся.

Консуэлла *(смеясь).* Разве я так плохо пишу? А мне это так приятно: писать записочки. Тебе понравилось мое письмецо, Альфред, или ты тоже смеялся?

Безано *(краснея).* Нет, я не смеялся. Идем, Консуэлла.

Выходят оба, в дверях встречаются с Зинидой.

Зинида. Ты еще хочешь работать, Безано?

Безано *(вежливо).* Да, сегодня что-то плохой день. А как твои львы, Зинида? Мне кажется, на них действует погода.

Голос Консуэллы: "Альфред!"

Зинида. Да. Тебя зовут, иди.

Альфред уходит.

Ну, что же, кончили?

Брике. Кончаем.

Джексон *(прощаясь).* До вечера. Думай же о костюме, Тот, я тоже подумаю. И завтра приходи сюда к десяти, не опаздывай, а то получишь лишнюю пощечину. Я тобой займусь.

Тот. Я не опоздаю. *(Смотрит ему вслед.)* Вероятно, очень добрый человек? Какие вокруг вас хорошие люди, папа Брике. А этот красивый жокей, вероятно, влюблен в Консуэллу, не правда ли? *(Смеется.)*

Зинида. А тебе какое дело? Для начала ты слишком суешь нос. Сколько он хочет, папа?

Брике. Погоди. Послушай, Тот, контракта с тобой я заключать не буду.

Тот. О, конечно, пожалуйста, как хотите. И знаете что? Мы сейчас и о деньгах говорить не будем! Ты малый честный, Брике, ты сам увидишь мою работу и тогда...

Брике *(с удовольствием).* Это вполне порядочно с твоей стороны. Ведь на самом деле он ничего не умеет, Зинида?

Зинида. Если он так хочет. Надо записать. Дай книгу.

Брике. Вот. *(Тоту.)* Я, не люблю писать. Мы здесь записываем артистов, знаешь, для полиции. Кто-нибудь может убиться, или...

С арены снова доносятся звуки танго и вскрики.

Зинида. Как твое имя?

Тот *(улыбаясь).* Тот. Я уже выбрал. Или вам не нравится?

Брике. Нравится, но нам нужно твоё настоящее имя. Паспорт у тебя есть?

Тот *(смущаясь).* Паспорт? Но паспорта у меня нет. Вернее, у меня есть нечто в этом роде, но я не думал, что у вас так строго. Зачем это?

Зинида и Брике переглядываются молча. Зинида отодвигает книгу.

Зинида. Тогда мы не можем тебя взять. Нельзя же из-за тебя ссориться с полицией.

Брике. Это моя жена, ты еще не знаешь. Она права. Тебя может ударить лошадь, или ты сам что-нибудь вздумаешь такое, кто тебя знает... Мне все равно, но там, понимаешь, относятся иначе. Для меня труп есть просто труп, я его ни о чем не расспрашиваю и предоставляю это Богу или черту, а они очень любопытны. Так, вероятно, нужно для порядка, я не знаю. Карточка у тебя есть?

Тот в раздумья потирает лоб.

Тот. Как же быть? Карточка у меня есть, но... *(Улыбается.)* Понимаете: мне ужасно не хочется, чтобы мое имя было известно.

Брике. Какая-нибудь история?

Тот. Да, в этом роде... И отчего не вообразить, что у меня просто нет никакого имени? Разве я не мог потерять имя, как теряют шляпу? Или его у меня обменяли? Когда к вам приходит заблудившаяся собака, вы не спрашиваете ее об имени, а даете новое, - пусть и я буду такая собака. *(Смеется.)* Собака Тот!

Зинида. Ты можешь сказать его нам двоим. Больше никто не узнает... если, конечно, ты не вздумаешь сломать себе шею.

Тот в раздумьи.

Тот. Честное слово?

Зинида пожимает плечами.

Брике. Там, где люди честны, там и всякое слово - честное слово. Видно, что ты оттуда.

Тот. Ну, хорошо. Вот. Не удивляйтесь, пожалуйста.

Передает карточку Зиниде. Та смотрит и передает

Брике. Потом оба глядят на Тота.

Брике. Если это правда, сударь, и вы то, что здесь написано...

Тот. Ради Бога, Бога ради! Этого нет, это давно потеряно, это просто квитанция на старую шляпу! Умоляю вас, забудьте это, как и я. Я Тот, который получает пощечины, и больше ничего.

Молчание.

Брике. Но вы извините меня, если я еще раз почтительно спрошу вас: вы не пьяны, сударь? В ваших глазах есть что-то такое...

Тот. Нет. Я Тот, который получает пощечины. И с каких пор мы с тобой на вы, папа Брике? Ты меня обижаешь.

Зинида. Одним словом, это его дело, Брике. *(Прячет карточку.)* Но ты очень странный господин, это правда. *(Улыбаясь.)* И ты уже заметил, что Безано влюблен в наездницу? А что я люблю моего Брике, это видно?

Тот *(также улыбаясь).* О да! Ты его обожаешь.

Зинида. Я его обожаю. Пройдись с ним, Брике, и покажи ему арену и конюшни, я кое-что запишу.

Тот. Да, да! Пожалуйста. Я так счастлив, наконец. Ведь я принят, это правда, вы не шутите? Арена! Песок арены! Круг, в котором я буду бегать, получая пощечины! Да, да, идем, Брике. Пока я не почувствую под своими ногами песка, я все еще не буду верить.

Брике. Ну, пойдем. *(Целует Зиниду.)* Идем.

Идут к двери.

Зинида. Постой... Тот! Ответь мне на один вопрос. У меня есть служитель, который убирает клетки, ну, простой парень, которого никто не знает. Он убирает клетки. И ты знаешь: он всегда входит ко львам, когда хочет, даже не смотрит на них, он там совсем как дома. Отчего это? И его никто не знает, а меня знают все, а когда я вхожу, то все в страхе, а... Такой глупый парень, ты его увидишь! *(Смеется.)* Но не вздумай ты войти, Тот, - мой Рыжий даст тебе такую пощечину!..

Брике *(с неудовольствием).* Ты опять, Зинида. Оставь.

Зинида *(смеясь).* Да, идите, идите. Ах, да: пошли ко мне Безано, Луи, у меня есть счеты с ним.

Тот и директор выходят. Зинида еще раз взглядывает на карточку и прячет ее. Встает и быстро ходит по комнате, останавливается, прислушивается к звукам танго. Музыка внезапно обрывается. Не двигаясь, смотря прямо в темное отверстие двери, Зинида ждет.

Безано *(входя).* Ты меня звала, Зинида? В чем дело, говори скорее, мне некогда.

Зинида молча смотрит на него. Вспыхнув и нахмурившись, Безано также молча поворачивается к двери.

Зинида. Безано!

Безано *(останавливаясь, не поднимая глаз).* Что вам надо? Мне некогда.

Зинида. Безано! Я целые дни слышу, что ты влюблен в Консуэллу. Это правда?

Безано *(пожимая плечами).* Мы с нею работаем вместе.

Зинида *(делая шаг вперед).* Нет, скажи: это правда, ты ее любишь, Альфред?

Безано краснеет юношески, но смотрит прямо в глаза Зиниде.

Безано *(гордо).* Я никого не люблю. Как я могу кого-нибудь любить? Я никого не люблю. Сегодня Консуэлла здесь, а завтра ее возьмет отец. И кто я? Акробат, сын сапожника в Милане. А она? Я даже говорить не умею, у меня нет слов, как у моей лошади. Кто я такой, чтобы любить?

Зинида. А меня ты любишь... немножко?

Безано. Нет. Я уже говорил.

Зинида. Все еще нет? И даже немножко - нет?

Безано *(помолчав).* Я тебя боюсь.

Зинида хочет крикнуть что-то гневное, но овладевает собою, опускает глаза и как бы тушит их блеск. Бледнеет.

Зинида. Разве я такая... страшная?

Безано. Ты красива, как царица. Ты почти так же красива, как Консуэлла. Но я не люблю твоих глаз. Ты мне приказываешь глазами, чтобы я любил тебя, а я не могу, когда мне приказывают. Я тебя боюсь.

Зинида. Разве я приказываю? Нет, Безано, - я только прошу.

Безано. А отчего ты не смотришь на меня? Вот ты и попалась: ты сама знаешь, что твои глаза не умеют просить. *(Смеется.)* Тебя испортили твои львы.

Зинида. Мой Рыжий любит меня.

Безано. Нет. Если он любит, то отчего он такой скучный?

Зинида. Вчера он лизал мне руки, как собака.

Безано. А сегодня он все утро ищет тебя глазами, чтобы сожрать. Он просовывает морду и так смотрит, что видит только тебя. Он тебя боится и ненавидит. Или ты хочешь, чтобы и я лизал тебе руку, как собака?

Зинида. Нет. Это я, это я, Альфред, хочу поцеловать твою руку. *(В порыве.)* Дай мне поцеловать твою руку!

Безано *(сурово).* Ты говоришь так, что тебя стыдно слушать.

Зинида *(сдерживаясь).* Нельзя же так мучить, как ты мучаешь меня! Альфред, я тебя люблю! Нет, я не приказываю: посмотри мне в глаза. Я тебя люблю!

Молчание. Безано поворачивается к выходу.

Безано. Прощай.

Зинида. Альфред!..

В двери показался и остановился Тот.

Безано. И, пожалуйста, никогда не говори, что ты любишь меня. Я не хочу, я тогда уйду отсюда. И ты так говоришь "люблю", как будто бьешь меня хлыстом. Знаешь - это противно!*(Резко поворачивается и идет.)*

Оба заметили Тота. Безано, нахмурившись, быстро проходит мимо; Зинида с видом надменно-равнодушным возвращается на свое место к столу.

Тот *(приближаясь).* Извините, я...

Зинида. Ты опять суешь нос, Тот? Тебе так хочется пощечины?

Тот *(смеясь).* Нет, я просто позабыл пальто. Я ничего не слыхал.

Зинида. Мне все равно, слыхал ты или нет.

Тот. Можно взять пальто?

Зинида. Бери, если оно твое. Сядь, Тот.

Тот. Сажусь.

Зинида. Отвечай мне. Ты мог бы меня полюбить, Тот?

Тот. Я? *(Смеясь.)* Я и любовь? Взгляни на меня, Зинида: ты видала такие лица у любовников?

Зинида. С таким лицом можно иметь успех.

Тот. Это оттого, что мне весело! Это оттого, что я потерял шляпу. Это оттого, что я пьян. Или я не пьян? Но у меня все кружится в глазах, как у молоденькой девушки на балу. Как здесь хорошо! Дай мне поскорее пощечину, я хочу играть. Может быть, она пробудит во мне и любовь. Любовь! *(Точно прислушивается к чему-то в сердце. С утрированным ужасом.)* А знаешь что? Я ее чувствую!

На арене возобновились звуки танго.

Зинида *(прислушиваясь).* Ко мне?

Тот. Нет. Я еще не знаю. Ко всем! *(Прислушивается.)* Да, они танцуют. Как прекрасна Консуэлла! И как прекрасен юноша, у него тело греческого бога, его точно изваял Пракситель. Любовь! Любовь!

Молчание. Музыка.

Зинида. Скажи мне, Тот...

Тот. Что прикажешь, царица?

Зинида. Тот! Как мне сделать, чтобы меня полюбили мои звери?

Занавес

ДЕЙСТВИЕ ВТОРОЕ

В той же комнате, вечером, во время спектакля. Урывками доносится музыка, вскрики, гул рукоплесканий. Верхние оконца светятся. На сцене двое: Консуэлла и Барон Реньяр. Консуэлла, в костюме наездницы, сидит с ногами на диване, на плечах платок. Перед нею барон Реньяр, высокий, грузный господин во фраке, с розою в петлице. Широко и грубо расставив ноги, он тяжело смотрит на Консуэллу неподвижными, выпуклыми, паучьими глазами.

Барон. Это правда, что ваш папа... граф познакомил вас с каким-то маркизом Джусти, богачом?

Консуэлла *(удивленно)*. Нет? Он шутит. Он часто говорит про какого-то маркиза Джусти, но я его никогда не видала.

Барон. А вы знаете, что ваш папа - просто шарлатан?

Консуэлла. Ах, нет, он такой милый!

Барон. Вам понравились брилльянты?

Консуэлла. Да. Очень! Мне было так жаль, когда папа велел возвратить их вам. Он сказал, что это неприлично. Я даже поплакала немножко.

Барон. Ваш папа - нищий и шарлатан.

Консуэлла. Ах, нет, не браните его! Он так вас любит.

Барон. Дайте мне поцеловать руку.

Консуэлла. Что вы, это не принято! Можно целовать, когда здороваешься и прощаешься, а посередине нельзя.

Барон. В вас все влюблены, и оттого вы так важничаете с вашим папа. Кто у вас этот новый клоун, Тот? Он мне не нравится - хитрая бестия. Он тоже влюблен в вас? Я видел, как он на вас смотрел.

Консуэлла *(смеется)*. Ну, что вы! Он такой смешной. Вчера он получил пятьдесят две пощечины, мы считали. Вы подумайте: пятьдесят две пощечины! Папа сказал: если бы это были золотые!

Барон. Консуэлла! А Безано вам нравится?

Консуэлла. Да, очень. Он такой красивый! Тот говорит, что мы с ним самая красивая пара людей на свете. Он называет его Адамом, а меня Евой... Но ведь это неприлично? Тот такой неприличный.

Барон. А Тот часто говорит с вами?

Консуэлла. Часто, но я его не понимаю. Он всегда как пьяный.

Барон. Господи!.. Консуэлла - по-испански значит "утешение". Ваш папа - осел. Консуэлла, я вас люблю.

Консуэлла. Поговорите с папа.

Барон *(сердито)*. Ваш папа - мошенник и шантажист, которого надо отвести к комиссару. Разве вы не понимаете, что я не могу на вас жениться?

Консуэлла. А папа говорит, что можете.

Барон. Нет, не могу. А если я застрелюсь? Консуэлла, глупая, - я тебя люблю невыносимо. Невыносимо, ты понимаешь? Я, вероятно, сошел с ума и меня надо отвести к доктору, стащить за шиворот, избить палками? Почему я так люблю тебя?

Консуэлла. Тогда лучше женитесь.

Барон. Я имел сотню женщин, красавиц, но я их не видал. Тебя я вижу первую - и больше ничего не вижу. Кто поражает любовью человека - Бог или дьявол? Меня поразил дьявол. Дай мне поцеловать руку.

Консуэлла. Нет. *(Задумалась и вздыхает.)*

Барон. Разве ты когда-нибудь думаешь? О чем ты задумалась, Консуэлла?

Консуэлла *(вздыхает).* Мне почему-то стало жаль Безано. *(Вздыхает.)* Он такой добрый, когда учит меня, и у него такая маленькая комнатка...

Барон *(гневно).* Вы были там?

Консуэлла. Нет, мне говорил Тот. *(Улыбаясь.)* Слышите, как там шумят? Это он получает пощечины. Бедный! Хотя это вовсе не больно, это только нарочно. Теперь скоро и антракт.

Барон бросает сигару, быстро делает два шага и становится на колени перед девушкой.

Барон. Консуэлла!..

Консуэлла. Ах, нет, встаньте, встаньте. Пустите мою руку!

Барон. Консуэлла!..

Консуэлла *(с отвращением).* Да встаньте же, мне противно. Вы такой толстый!

Барон встает. В дверях шум голосов и публики - антракт. С веселым говором, возбужденные входят к л о у н ы. Первым идет Тот, в костюме клоуна, с насурмленными бровями и белым носом, остальные рукоплещут ему.

Голоса артистов: "Браво, Тот!" А р т и с т к и, Б е р е й т о р ы, г и м н а с т ы, все в соответствующих костюмах. Зиниды нет. Потом является п а п а Б р и к е.

Поли. Сто пощечин! Браво, Тот!

Джексон. Недурно, недурно! Ты сделаешь карьеру.

Тили. Сегодня он был профессор, а мы ученики. На еще, получи сто одну! *(Шутя бьет Тота)*

Смех. Здороваются с бароном. Он приличен, но грубоват, ему надоели эти бродяги. Молчалив, к чему все привыкли. Подходит М а н ч и н и, все тот же, с тою же палкой.

Манчини *(здоровается)*. Какой успех, барон! И подумать, до чего эта публика любит пощечины... *(Шепотом.)* У вас испачканы колени, барон, отряхните. Здесь очень грязный пол. *(Громко.)* Консуэлла, дитя мое! Как ты себя чувствуешь? *(Отходит к дочери.)*

Веселый шум, голоса. Лакеи из буфета носят содовую и вино. Голос Консуэллы: "А где же Безано?"

Тот *(кланяясь барону, интимно)*. Вы меня не узнаете, барон?

Барон. Нет, узнаю. Вы клоун Тот.

Тот. Да. Я - Тот, который получает пощечины. Осмелюсь спросить, барон, вам передали брильянты?

Барон. Что такое?!

Тот. Мне поручили отнести вам какие-то брильянты, и вот я осмеливаюсь...

Барон поворачивает к нему спину. Тот громко смеется.

Джексон. Сода и виски! Поверьте, господа, он сделает карьеру, я старый клоун и понимаю публику. Сегодня он затмил даже меня, и на мое солнце нашли тучи! *(Хлопает, себя сзади.)* Они не любят головоломки, им нужны пощечины, о которых они скучают и мечтают дома. Твое здоровье, Тот! Еще сода-виски! Сегодня он получил столько пощечин, что их хватило бы на весь партер...

Тили. Нет, не хватило бы! Пари!

Поли. Пари! Бейте по рукам. Я буду ходить и считать, сколько рож в партере.

Голос. Партер не смеялся.

Джексон. Потому что он получал. А галерка смеялась, потому что смотрела, как получает партер. Твое здоровье, Тот!

Тот. Твое здоровье, Джим! Но зачем ты не дал мне окончить речи, я так настроился?

Джексон *(важно).* Потому что она была кощунственна, мой друг. Политика - да, нравы - сколько хочешь, но Провидение оставь в покое. И поверь, приятель, я вовремя захлопнул тебе рот. Не правда ли, папа Брике?.

Брике *(подходя).* Это было слишком литературно, здесь не академия. Ты забываешь, Тот!

Тили. Но захлопывать человеку рот - фи!

Брике *(наставительно).* Когда бы человеку ни заткнули рот, это всегда вовремя. Разве только, когда он пьет... Эй, сода-виски!

Голоса. Сода-виски директору!

Манчини Но это же обскурантизм! Ты опять философствовать, Брике?

Брике. Я сегодня тобою недоволен, Тот. Зачем их дразнить? Они этого не любят. Ваше здоровье! Хорошая пощечина должна быть чиста, как кристалл - бац! бац!

правая, левая - и готово. Им приятно, и они смеются и любят тебя. А в твоих пощечинах есть какой-то привкус... понимаешь, какой-то запах!

Тот. Но ведь они же смеялись!

Брике. Но без удовольствия, без удовольствия, Тот! Ты платишь, но тотчас же делаешь перевод на их имя, это неправильная игра, тебя не будут любить.

Джексон. Это самое и я ему говорю. Он уже начал их злить.

Безано *(входя)*. Консуэлла, где ты? Я тебя ищу. Идем!

Оба выходят. Барон, помедлив, следует за ними; Манчини почтительно провожает его до дверей.

Тот. Ах, вы не понимаете, друзья! Вы просто устарели и потеряли нюх сцены.

Джексон. Ого! Это кто же устарел, молодой человек?

Тот. Не сердись, Джим. Но это же - игра, вы понимаете? Я становлюсь счастлив, когда я выхожу на арену и слышу музыку. На мне маска, и мне смешно, как во сне. На мне маска, и я играю. Я могу говорить все, как пьяный, ты понимаешь? Когда я вчера с этой дурацкой рожей играл великого человека - философа!.. *(Приняв надменно-монументальный вид, Тот повторяет при общем смехе вчерашнюю игру.)* И шел так, - и говорил, как я велик, мудр, несравнен, - какое живет во мне божество, - и как я высок над землею, - и как слава сияет вокруг моей головы! - *(Меняя голос, скороговоркой.)* - И ты, Джим, первый раз ударил меня - и я спросил: что это? Мне аплодируют? - И когда при десятой пощечине я сказал: кажется, за мной прислали из академии? *(Играя, оглядывается с видом непобедимой надменности и величия.)*

Смех. Джексон наносит Тоту пощечину.

За что?

Джексон. За то, что ты играешь даром, дурак. Гарсон, счет.

Смех. Вдали звонок, призывающий на арену. Артисты быстро расходятся, некоторые бегут. Торопливо получают по счету лакеи.

Брике *(протяжно).* На арену! На арену! Манчини. Мне нужно сказать тебе два слова, Тот. Ты еще не уходишь?

Тот. Нет, я буду отдыхать.

Брике. На арену! На арену!

Клоуны, визгливо напевая, уходят. Постепенно расходятся все. Там бравурные звуки музыки. Тот с ногами забирается на диван, зевает.

Манчини Тот, у тебя есть то, чего никогда не было в моем роду: деньги. Я скажу дать бутылочку? Послушайте, принесите.

Лакей, убиравший посуду, приносит бутылку вина и бокалы. Уходит.

Тот. Ты что-то мрачен, Манчини. *(Потягивается.)* Нет, в мои года сто пощечин это трудно... Ты что-то мрачен. Как у тебя с девочкой?

Манчини Тсс! Скверно. Осложнения. Родители. *(Вздрагивает.)* Ах!

Тот. Тюрьма?

Манчини *(смеется).* Тюрьма! Надо же поддерживать блеск имени. Ах, Тот, я шучу, а на душе у меня ад! Ты один меня понимаешь. Но послушай, - что это за страсть? Объясни мне. Она доведет меня до седых волос, до тюрьмы, до могилы - я трагический человек, Тот. *(Утирает слезы грязным платком.)* Почему я не люблю дозволенное и каждое мгновение, даже в моменты экстаза, должен думать о каком-то... законе? Это глупо, Тот. Я становлюсь анархистом! Боже мой! Граф Манчини - анархист, этого только недоставало!

Тот. А уладить?

Манчини А деньги?

Тот. А барон?

Манчини Ну да, он только этого и ждет, этот кровопийца. И он дождется! - он дождется, что я отдам ему Консуэллу за десять тысяч франков! За пять!

Тот. Дешево.

Манчини А разве я говорю, что дорого и что этого я хочу? Но если меня душат эти мещане, держат за горло - вот так! Ах, Тот, по всему видно, что ты человек из общества, ты понимаешь меня. Я тебе показывал бриллианты, которые я отослал ему? Проклятая честность, мне даже нельзя было подменить камни фальшивыми!

Тот. Почему?

Манчини Потому что я испортил бы всю игру. Ты думаешь, он потом камни не взвешивал?

Тот. Он не женится.

Манчини Нет, женится. Ты его не понимаешь. *(Смеется.)* Это человек, который половину жизни имел только аппетит, а теперь к нему пришла любовь. Если ему не дать Консуэллы, он кончен, как... как увядший нарцисс, черт его возьми с его автомобилем! Ты видал его автомобиль?

Тот. Видал. Отдай девчонку жокею.

Манчини Безано? *(Смеется.)* Вот видишь, до чего мы договорились! Ах, да - это твоя шутка об Адаме и Еве... не надо, пожалуйста... Это остроумно, но компрометирует девочку. Она мне рассказывала.

Тот. Или отдай мне.

Манчини А у тебя есть миллиард? *(Смеется.)* Ах, Тот, мне вовсе не до твоих клоунских шуток! Здесь, говорят, преотвратительные тюрьмы, не делается никаких различий для людей нашего круга и простых каналий. Что ты на меня так смотришь? Ты смеешься?

Тот. Нет.

Манчини *(сердито).* Никогда не привыкну к этим рожам! Ты так мерзко накрашен...

Тот. Он не женится. Ты слишком честолюбив и горд, Манчини, но он не женится. Что такое Консуэлла? Она необразованна: когда она не на коне, у любой горничной из хорошего дома манеры лучше и речь умнее. *(Небрежно.)* Она не глупа?

Манчини Она не глупа, а ты, Тот, дурак. Что такое ум у женщины, ты меня удивляешь, Тот! Консуэлла - это брильянт, который еще не гранили, и только настоящий осел не увидит ее блеска. Ты знаешь, что я было начал ее гранить?

Тот. Взял учителя? Ну и что?

Манчини *(кивая головой, таинственно).* И я испугался - так это быстро пошло! Я его отставил. А? Я даже испугался. Еще только месяц или два, и она выгнала бы меня вон. *(Смеется.)* Прежние умные торговцы камнями в Амстердаме держали их негранеными - от воров; мне рассказывал отец.

Тот. Это - сон брильянта. Тогда он спит. Нет, ты мудр, Манчини!

Манчини Ты знаешь, какая кровь течет в жилах итальянской женщины? В ней кровь Аннибала и Корсини, Борджиа и грязного лонгобарда или мавра. О, это не женщина низшей расы, где позади одни только мужики и цыгане! В итальянке заключены все возможности, все формы, как в нашем чудесном мраморе, понимаешь, чурбан? Удар ее здесь - и она кухарка, которую ты выгонишь за грязь и крикливость вороны, дешевая кокотка; осторожно... деликатно! Тронь ее с этой стороны - и она королева, богиня, Венера Капитолийская! И она поет, как Страдивариус, и ты уже рыдаешь... болван! Итальянская женщина...

Тот. Однако ты поэт, Манчини! Но чем же сделает ее барон?

Манчини Как - чем? Да... баронессой же, чурбан! Чему ты смеешься - не понимаю. Просто счастье, что это влюбленное животное не герцог и не принц: он сделал бы ее принцессой, и тогда мне фьють!.. через год меня не пустят на кухню! *(Смеется.)* Меня! А я граф Манчини, тогда как она простая....

Тот *(поднимаясь).* Что ты болтаешь? Ты не ее отец?! Манчини!

Манчини Тсс! Черт возьми, как я сегодня расстроен. А кто же я, о небо? Конечно, отец! *(Кривится смехом.)* Чурбан, или ты не замечаешь фамильного сходства? Смотри: нос - вот! глаза! *(Внезапно глубоко вздыхает.)* Ах, Тот, как я несчастен. И подумать только: в то время как здесь погибает человек в борьбе за честь древнего рода, там, в партере, сидит это животное, этот слон с глазами паука, и смотрит на Консуэллу, и...

Тот. Да, у него неподвижный взгляд паука. Ты прав.

Манчини А что же я говорю? Паук!.. Но нет, я его заставлю жениться. Ты увидишь! *(Возбужденно расхаживает, играя палкой.)* Ты увидишь! Я целую жизнь готовился к этому сражению... *(Ходит.)*

Молчание и тишина.

Тот *(прислушиваясь).* Отчего там так тихо? Странная тишина.

Манчини *(брезгливо).* Не знаю! Там тишина, а здесь *(касается палкой лба)* целая буря и вихрь! *(Наклоняется к клоуну.)* Тот, хочешь, я сообщу тебе изумительную вещь? Случай необыкновеннейшей игры природы? *(Смеется и, сделав важное лицо, говорит.)* Уже - три столетия - графы Манчини - совершенно бездетны! *(Смеется.)*

Тот. Однако! А как же вы родитесь?

Манчини Тсс! Это тайна наших святых матерей! Хе-хе. Мы слишком древни, мы слишком изящны, наконец, чтобы заниматься таким вульгарным делом, где каждый мужик сильнее нас...

Входит барьерный служитель.

Послушай, что тебе здесь надо? Директор на сцене.

Служитель *(кланяясь).* Я знаю. Барон Реньяр просил передать вам это письмо.

Манчини Барон? Он там?

Служитель. Барон уехал. Ответа не нужно.

Манчини *(раскрывая дрожащими руками конвертик).* Черт возьми! Черт возьми!

Служитель уходит.

Тот. Постойте. Отчего не играет музыка и так тихо?

Служитель. Номер мадам Зиниды со львами. *(Ушел.)*

Манчини вторично перечитывает коротенькую записку.

Тот. Ну что, Манчини? Ты сияешь, как солнце Джексона.

Манчини Что? Вы, кажется, спросили меня: "что"? А вот что! *(Балансируя палкой, делает балетные пируэты.)*

Тот. Манчини!..

Кокетничая глазами и лицом, Манчини танцует.

Да говори же, скотина!

Манчини *(протягивая руку),* Дай десять франков! Немедленно дай десять франков! Ах, Тот! Давай же! *(Быстро и машинально прячет деньги в жилетный карман.)* Тот! - если у меня не будет через месяц автомобиля, ты можешь дать мне одну из твоих пощечин!

Тот. Что? Он женится? Решился?

Манчини Что значит - решился? *(Смеется.)* Когда у человека петля на шее, ты спрашиваешь, как его здоровье! Барон... *(Останавливается, пораженный.)* Смотри-ка, Тот!..

Шатаясь, как сильно пьяный или больной, закрывая глаза рукою, входит Брике.

Тот *(подходя и беря его за плечи).* Что с тобою? Папа Брике!

Брике *(стонет).* Ах-ах-ах... Я не могу!.. Ах!

Тот. Что-нибудь случилось? Ты болен? Да говори же.

Брике. Я не мог смотреть! *(Отнимает руку и широко раскрывает остановившиеся глаза)* Что она делает? Ах, что она делает! Ее надо взять. Она сошла с ума! Я не мог смотреть!*(Вздрагивает.)* Ее разорвут, Тот! Ее разорвут львы.

Манчини Да нет же, Брике! Она всегда такая - ну что ты, как ребенок, стыдись.

Брике. Нет. Она сегодня сошла с ума. Что с публикой! Они все как умерли, они не дышат. Я не мог смотреть! Послушайте - что это?

Все слушают. Но там та же тишина.

Манчини *(взволнованно).* Я посмотрю...

Брике *(кричит).* Нет! Не надо смотреть... Ах, проклятый труд! Не ходи! Ты можешь зажечь... Каждые глаза, которые смотрят на нее... на зверей... Нет, это невозможно! Это кощунство! Я ушел оттуда. Тот, ее разорвут!

Тот *(стараясь говорить весело).* Да успокойся же, папа Брике! Вот я не думал, что ты такой трус... Как тебе не стыдно! Выпей вина... Манчини, дай ему вина.

Брике. Не хочу. Господи, хоть бы поскорее!..

Слушают.

Я видел в жизни много, но это!.. Она сошла с ума.

Слушают. Внезапно тишина рушится, точно огромная каменная стена: там гром аплодисментов, крики, музыка, рев не то звериных голосов, не то человеческих. Здесь радостное волнение. Брике, обессилев, садится на стул.

Манчини *(взволнованно)*. Вот видишь! Вот видишь, чурбан!

Брике *(смеется и всхлипывает)*. Я больше не позволю...

Тот. Вот она!

Входит Зинида, одна. У нее вид пьяной вакханки или безумной. Волосы распустились, с одного плеча совсем свалилось платье; идет, сияя глазам, но не видя. Или на живую статую безумной победы похожа она. Позади с бледным лицом какой-то артист, оба клоуна; потом бледная Консуэлла и Безано. Все со страхом смотрят на Зиниду, как бы боятся прикосновения или взгляда огромных глаз.

Брике *(кричит)*. Ты с ума сошла!.. Ах, дуреха!

Зинида. Я? Нет. Вы видели, вы видели? Ну что?! *(Стоит, улыбаясь, переживая безумную победу.)*

Тили *(жалобно)*. Да перестань же, Зинида! Ну тебя к черту!

Зинида. А ты видел? Ну что?!

Брике. Домой! Домой! Делайте здесь что хотите... Зинида, домой!

Поли. Тебе нельзя, папа. Еще твой номер.

Зинида *(встречаясь глазами с Безано)*. А, Безано! *(Смеется долго и счастливо.)* Безано... Альфред! ты видел: мои звери любят меня!

Не ответив, Безано выходит. Зинида точно гаснет: потухает улыбка, глза, лицо бледнеет. Брике, страдая, наклонившись, смотрит на нее. Говорит тихо: "стул". Зинида садится, голова лежит бессильно на плече, руки повисли. Начинает дрожать и дрожит все сильнее, ляская зубами. Шепчет: "коньяку". Артист бежит за коньяком.

Брике *(беспомощно).* Что с тобою, Зинида? Дорогая моя!

Манчини *(суетится).* Ей надо успокоиться... Ну, идите, идите, бродяги. Я все устрою, папа Брике. Манто! Где манто? Ей холодно.

Клоун подает манто. Ее укутывают.

Тили *(робко).* А музыку не надо?

Манчини *(подавая коньяк).* Пей, герцогиня! Пей - пей все. Так.

Зинида пьет, как воду, видимо, не чувствуя вкуса, дрожит. Клоуны тихонько выходят. Консуэлла внезапным гибким движением бросается на колени перед Зинидой и целует ее руки, согревает их.

Консуэлла. Милая, милая... тебе холодно? Миленькие ручки... милая... хорошая... любимая...

Зинида *(слегка отталкивая ее).* До... домой! Сейчас пройдет, ничего. Я очень, очень... Домой! Ты оставайся, Брике, тебе еще надо. Нет, я ничего.

Консуэлла. Тебе холодно? Возьми мой платок.

Зинида. Нет. Пусти.

Консуэлла встает с колен и отходит.

Брике. Это все твои книги, Зинида! Мифология! Ну, скажи: зачем тебе понадобилось, чтобы тебя любили эти звери? Звери! Понимаешь, Тот? Ты тоже оттуда, она тебя скорее послушает, ну, объясни ты ей! Ну, кого могут любить эти звери, эти волосатые чудовища с их дьявольскими глазами?

Тот *(приятно).* Я думаю: только себе подобных. Ты прав, папа Брике, нужна одна порода!

Брике. Ну, конечно! А это ведь глупость, литература! Скажи ей, Тот.

Тот *(делая вид размышляющего).* Да. Ты прав, Брике!

Брике. Вот видишь, дурочка? Все говорят.

Манчини Фу, как ты надоел, Брике! Ты совершенный деспот, азиат.

Зинида *(улыбаясь бледно и протягивая* Брике *руку для поцелуя).* Успокойся, Луи. Все прошло. Я поеду. *(Встает, шатаясь, все еще в ознобе)*

Брике. Но как же ты одна? Милая...

Манчини Чурбан! А ты видал, чтобы граф Манчини покинул женщину, когда она нуждается в помощи? Я ее отвезу, будь спокоен, грубая душа, я ее отвезу. Томас, беги за автомобилем! Да не толкись же ты, Брике, ты неуклюж, как носорог! Вот так, вот так!..

Поддерживая Зиниду, медленно ведут ее к выходу Манчини и Брике. Консуэлла, приложив руки к подбородку, в невольно искусственной позе, смотрит ей вслед.

(Оборачиваясь.) Я за тобой вернусь, дитя!

Здесь только Тот и Консуэлла. На арене уже музыка, вскрики, хохот.

Тот. Консуэлла!

Консуэлла. Это ты, милый Тот?

Тот. Откуда у тебя эта поза? Я видел ее только в мраморе... Ты похожа на Психею.

Консуэлла. Не знаю, Тот. *(Вздыхает и садится на диван, сохраняя в позе ту же искусственность и красоту.)* Как здесь сегодня грустно, Тот. Тебе жаль Зиниду?

Тот. Что она делала?

Консуэлла. Я не видела. Я как закрыла глаза, так и не открывала. Альфред говорит, что она злая, но это неправда. У нее были такие добрые глаза... а какие холодные ручки! Как у мертвой. Зачем она делает это? Альфред говорит, что нужно быть смелой, прекрасной и спокойной, а это противно... то, что она делает. Это неправда, Тот?

Тот. Она любит Альфреда.

Консуэлла. Альфреда? Моего Безано? *(Пожимает плечами, удивлена)* Как же она его любит? Так, как все любят?

Тот. Да, так, как все любят. Или еще сильнее.

Консуэлла. Безано, Безано... Нет, это глупости!

Молчание.

Какой у тебя красивый костюм, Тот! Ты сам его придумал?

Тот. Мне помог Джим.

Консуэлла. Джим такой добрый. Клоуны все добрые.

Тот. Я злой.

Консуэлла *(смеется).* Ты? Ты - самый добрый! Ах, Боже мой! еще целых два отделения. Сейчас второе, а мы с Альфредом в третьем. Ты будешь смотреть меня?

Тот. Я всегда смотрю тебя, красавица. Как ты прекрасна, Консуэлла!

Консуэлла. Как Ева! *(Улыбается.)*

Тот. Да, Консуэлла! А если барон сделает тебе предложение быть его женой, ты примешь его?

Консуэлла. Конечно, Тот! Мы с папой только этого и ждем. Папа вчера сказал, что он долго не выдержит. Я его не люблю, конечно, но буду ему верной и честной женой. Папа хочет учить меня играть на рояли.

Тот. Это твои слова о "верной и честной" жене?

Консуэлла. Мои, а то чьи же? Он так любит меня, бедный. Тот, что такое любовь? Все говорят: любовь, любовь... Вот и Зинида, какая она бедная. И какой сегодня скучный вечер! Тот, ты сам нарисовал смех на твоем лице?

Тот. Сам, Консуэллочка.

Консуэлла. Как вы это умеете? Я раз попробовала нарисовать у себя, но ничего не вышло. Отчего женщины не бывают клоунами? Но ты все молчишь, Тот, сегодня и ты скучный!

Тот. Нет, сегодня я счастлив. Дай руку, Консуэлла, я хочу погадать.

Консуэлла. Разве ты умеешь - какой ты талантливый! На. Но только не ври, как цыганка.

Тот стал на одно колено и взял руку; оба, наклонившись, рассматривают ее.

Я счастливая?

Тот. Да, счастливая... Но постой... эта линия... вот странно. Ах, Консуэлла, что здесь сказано! *(Играет.)* Я дрожу, мои глаза едва смеют разбирать эти странные письмена, эти роковые знаки... Консуэлла!

Консуэлла. Это говорят звезды?

Тот. Это говорят звезды. Их голос далек и страшен, их лучи бледны, и тени скользят, как призраки умерших дев. Их чары на тебе, Консуэлла, прекрасная Консуэлла, ты стоишь у врат Вечности!

Консуэлла. Я не понимаю. Я долго буду жить?

Тот. Эта линия... как далеко она идет... Вот странно! Ты будешь жить вечно, Консуэлла!

Консуэлла. Вот и соврал, Тот, как цыганка!

Тот. Но здесь так начертано, глупая! А здесь... Нет, подумай только, что говорят звезды. Вот тут у тебя вечная жизнь, любовь и слава, а здесь... Послушай, что говорит Юпитер. Он говорит: богиня, ты не должна принадлежать земнорожденному! И если ты - вздумаешь выйти за барона - то ты погибнешь - ты умрешь, Консуэлла!

Консуэлла *(смеясь).* Он меня съест?

Тот. Нет. Ты умрешь раньше, нежели он тебя съест.

Консуэлла. А что будет тогда делать папа, тут не сказано, Тот? *(Смеясь, напевает тихонько мотив вальса, вторит отдаленным и тихим звукам оркестра)*

Тот. Не смейся над голосом звезд, Консуэлла! Они далеки, лучи их бледны и легки, и тени скользят едва заметно, но чары их грозны и мрачны. Ты у врат Вечности, Консуэлла. Твоя судьба предначертана, ты осуждена. А твой Альфред, которого любит твое сердце и не знает ум, - твой Альфред не спасет тебя. Он сам на земле чужой. Он сам погружен в глубокий сон. Он сам заблудившийся божок, который никогда - никогда, Консуэлла! - не найдет дороги на небо. Забудь Безано!

Консуэлла. Я ничего не понимаю! Разве боги существуют? Учитель рассказывал мне, но я думала, что это сказки. *(Смеется.)* И мой Безано - бог?

Тот. Забудь Безано! Консуэлла, знаешь, кто может спасти тебя - единственный, кто может спасти тебя? Я!

Консуэлла *(смеясь).* Ты, Тот?

Тот. Да, не смейся же! Погляди: видишь букву "Т"? Это же я, ну да, я, Тот.

Консуэлла. Тот, который получает пощечины? И это тоже сказано?

Тот. И это сказано, звезды все знают. Но посмотри, что про него сказано дальше. - Консуэлла, приветствуй его! Тот - это переодетый, старый бог, который спустился на землю для любви к тебе. К тебе, глупая Консуэлла!

Консуэлла *(смеясь и напевая).* Хорош бог!

Тот. Не смейся! Боги не любят пустого смеха, когда уста прекрасны. И боги тоскуют и умирают, когда их не узнают. О Консуэлла, о великая радость и любовь, узнай бога и прийми его! Подумай: вдруг однажды бог сошел с ума!..

Консуэлла. Разве боги тоже сходят с ума?

Тот. Да - когда они наполовину люди. Тогда они часто сходят с ума. Вдруг увидел величие свое - и вздрогнул от ужаса, от одиночества беспредельного, от тоски сверхчеловеческой. Ужасно, когда тоска коснется божьей души!

Консуэлла. Мне неприятно. На каком языке ты говоришь? Я тебя не понимаю.

Тот. На языке твоего пробуждения! Консуэлла, узнай и прими бога, брошенного с вершины, как камень! Прими бога, приникшего к персти, чтобы жить, чтобы играть, чтобы быть бесконечно и радостно пьяным! Эвое, богиня!

Консуэлла *(мучаясь). Я* не понимаю, Тот! Оставь мою руку.

Тот встал.

Тот. Засни - и снова пробудись, Консуэлла! И, пробудившись, вспомни то время, когда с пеною морскою ты возникла из лазурного моря! Вспомни то небо - и тихий ветер с востока - и шепоты пены у твоих мраморных ног...

Консуэлла *(закрыв глаза).* Мне кажется... погоди... я что-то припоминаю. Напомни дальше.

Тот, наклонившись над Консуэллой и подняв руки, говорит тихо, но повелительно, точно заклиная.

Тот. Ты видишь, как играют волны? Вспомни же, что пели тогда сирены, - вспомни их строй беспечальной радости, их белые тела, наполовину голубые в голубой воде... Или это солнце поет? Как струны божественной арфы, протянулись золотые лучи - ты не видишь ли руки бога, дарящего миру гармонию, свет и любовь? Не в голубом ли ладане курятся горы, славословя? Вспомни молитву гор, молитву моря, Консуэлла!

Молчание.

(Повелительно.) Да вспомни же, Консуэлла!

Консуэлла *(открывая глаза).* Нет. Ах, Тот, мне было так хорошо... и вдруг я опять все забыла. А в сердце что-то еще есть... Помоги же мне, Тот! Напомни! Мне больно. Я слышу много голосов, и все они поют: Консуэлла! Консуэлла!.. А что дальше?

Молчание.

А что дальше?.. Мне больно. Напомни же, Тот!

Молчание. Там, на арене, музыка внезапно разражается бурным цирковым галопом. Молчание.

Тот... *(Открывает глаза и улыбается.)* Это Альфред скачет. Ты узнаешь его музыку?

Тот *(яростно).* Оставь мальчишку! *(Внезапно бросается на колени перед Консуэллой.)* Я люблю тебя, Консуэлла! Откровение моего сердца, свет моих очей, - я люблю тебя, Консуэлла!*(С восторгом и слезами смотрит на нее - и получает пощечину. Отшатнувшись.)* Что это?!

Консуэлла. Пощечина! А ты забыл, кто ты? *(С злыми глазами, вставая.)* Ты Тот, который получает пощечины. Ты забыл? Хорош бог, у которого такая рожа... битая рожа! Тебя не пощечинами согнали с неба, бог?

Тот. Погоди, не вставай... Я... Я еще не доиграл!

Консуэлла *(садясь).* Так ты играешь?

Тот. Погоди... я сейчас! Консуэлла!

Консуэлла. Ты обманул меня. Зачем ты так играл, что я поверила?

Тот. Я тот, который получает пощечины.

Консуэлла. Ты не сердишься, что я тебя ударила? Ведь я не нарочно. Но ты так был противен! А теперь ты опять смешной Тот... Какой ты талантливый! Или ты пьян?

Тот. Ударь меня еще.

Консуэлла. Нет.

Тот. Это нужно для моей игры. Ударь!

Консуэлла, смеясь, кончиками пальцев трогает его щеку: "вот, на!"

Разве ты не поняла, что ты - царица, а я придворный шут, который влюблен в царицу? Консуэлла! - или ты не знаешь, что у каждой царицы есть шут, и он влюблен всегда, и его все бьют за это? Тот, кто получает пощечины.

Консуэлла. Нет, я не знала.

Тот. У всякой! Он есть и у красоты, он есть и у мудрости - ах, сколько у нее шутов! Ее двор полон влюбленными шутами, и звук пощечин не затихает даже ночью. Но такой вкусной пощечины, как от тебя, я еще не получал, моя маленькая царица!

Со стороны двери кто-то показался, шаги. Тот замечает - и продолжает игру, усиленно кривляясь.

У клоуна Тота не может быть соперников! Кто выстоит под таким градом оплеух, под таким проливным дождем, не промокнув? Я обожаю тебя, несравненная! *(Притворно громко плачет.)* Пожалей меня, я бедный шут!

Вошли двое: артист в костюме берейтора и какой-то господин из публики. Очень приличен, сух, в черном. Шляпа в руке.

Консуэлла *(смеясь, смущенно)*. Там пришли, Тот. Довольно!

Тот *(вставая)*. Кто? Кто смел ворваться в чертоги моей царицы?.. *(Внезапно умолкает.)*

Консуэлла, смеясь, вскакивает и убегает, бросив быстрый взгляд на господина.

Консуэлла. Ты меня развеселил, Тот. Прощай! *(От двери.)* Завтра ты получишь записочку.

Берейтор *(смеется).* Веселый малый, сударь. Вам угодно было видеть его? Вот. Тот, это к тебе.

Тот *(глухо).* Чем могу служить?

Берейтор, поклонившись и улыбаясь, выходит. Эти двое делают шаг друг к другу.

Господин. Это... вы?

Тот. Да, это я. А это... вы?

Молчание.

Господин. Мне можно верить моим глазам? И это вы...

Тот *(яростно).* Здесь меня зовут Тот! У меня нет, другого имени, вы слышите?! Тот, который получает пощечины. И если тебе угодно здесь оставаться, то изволь это заметить!

Господин. Ты? Но насколько я помню...

Тот. Здесь всем говорят ты, а ты... *(презрительно)* ты везде недостоин лучшего!

Господин *(скромно).* Вы не простили меня... Тот?

Молчание.

Тот. Ты здесь с моей женой? Она в цирке?

Господин *(поспешно).* О, нет. Я один. Она осталась там.

Тот. Ты ее не бросил?

Господин *(скромно).* Нет. У нас... сын. Когда вы так внезапно и таинственно исчезли, оставив это странное и... оскорбительное письмо...

Тот *(смеется).* Оскорбительное? Ты еще можешь

оскорбляться? Зачем ты здесь? Ты меня искал или случайно?

Господин. Я полгода ищу вас во всех странах. И вдруг сегодня действительно случайно... У меня нет знакомых, и я пошел в цирк... Нам надо объясниться... Тот! Я умоляю вас!

Молчание.

Тот. Вот тень, которую я не могу потерять! Объясниться - ты полагаешь, что нам еще надо объясняться? Хорошо. Оставь свой адрес у портье, я сообщу, когда можно меня видеть. А сейчас - ступай вон. *(Надменно.)* Я занят!

Господин, поклонившись, выходит. Тот, не отвечая на поклон, стоит с протянутой рукой - в позе вельможи, провожающего надоедливого посетителя.

Занавес

ДЕЙСТВИЕ ТРЕТЬЕ

Та же обстановка.

Утром, перед началом репетиции. Тот, задумавшись, крупными шагами ходит по комнате. Одет в широкий красочный клетчатый пиджак, на шее пестрый галстук; котелок на затылке. Бугроватое лицо гладко выбрито, как у актера. Брови нахмурены, губы энергично сжаты -вид суровый и мрачный. С приходом Господина выражение меняется, лицо становится клоунски подвижно, как живая маска.

В дверях показывается Г о с п о д и н. *Одет в черное, весьма приличен, худое лицо отливает болезненной желтизной; в минуты волнения часто моргает тусклыми, бесцветными глазами. Тот не замечает его.*

Господин. Доброе утро, сударь.

Тот *(обернувшись и рассеянно вглядываясь).* А - это вы!

Господин. Не поздно?.. Но у вас такой вид, как будто вы не ждали меня. Я не помешал? Однако вы сами назначили этот час, и вот я осмелился...

Тот. Без реверансов! Что тебе нужно от меня? Говори скорее, у меня нет лишнего времени.

Господин *(брезгливо озираясь).* Я полагал, что вы пригласите меня куда-нибудь в другое место... в ваш дом...

Тот. У меня нет другого дома. Мой дом здесь.

Господин. Но нам могут здесь помешать...

Тот. Тем будет хуже для тебя: говори короче.

Молчание.

Господин. Вы разрешите мне сесть?

Тот. Садись. Осторожнее, этот стул сломан!

Господин с испугом отстраняет стул и беспомощно озирается: здесь все ему кажется опасным и странным. Выбирает прочный, на вид золоченый диванчик и садится, ставит цилиндр, медленно стягивает прилипшие перчатки. Тот равнодушно наблюдает.

Господин. В этом костюме и с этим лицом вы производите на меня еще более странное впечатление. Если вчера все это показалось только сном, то сегодня вы...

Тот. Ты забыл, как меня зовут? Меня зовут Тот.

Господин. Вы решительно желаете говорить мне ты?

Тот. Решительно. Но ты швыряешь время, как богач. Поторопись!

Господин. Я, право, не знаю... Здесь все так поражает меня... эти афиши, эти лошади и звери, мимо которых я проходил, отыскивая вас... наконец, вы! Клоун в каком-то цирке!*(Слегка прилично улыбается.)* Мог ли я ожидать? Правда, когда там все решили, что вы умерли, я один высказывался против; я чувствовал, что вы еще живы... но найти вас в такой обстановке - это выше моего понимания!

Тот. Ты сказал, что у вас родился сын. Он не похож на меня?

Господин. Я не понимаю!..

Тот. А разве ты не знаешь, что у вдов или разведенных жен их дети от нового мужа часто похожи на старого? С тобой не случилось этого несчастья? *(Смеется.)* И книга твоя также имеет успех, я слыхал?

Господин. Вы снова хотите оскорблять меня...

Тот *(смеется).* Какой обидчивый и какой беспокойный мошенник! Сиди, сиди спокойно - здесь принято так говорить. Зачем ты искал меня?

Господин. Моя совесть...

Тот. У тебя нет совести. Или ты обеспокоился, что не вовсе обобрал меня, и пришел за остальным? Но что же ты можешь еще взять у меня? Мой дурацкий колпак с погремушками? Его ты не возьмешь: он слишком велик для твоей плешивой головы! Ползи назад, книжный червь.

Господин. Вы не можете простить, что ваша жена...
Тот. К черту мою жену!

Господин поражен и поднимает брови. Тот смеется.

Господин. Я, право, не знаю... Но какой язык! Я решительно затрудняюсь выразить мои мысли... в этой атмосфере. Но если вы так... равнодушны к вашей жене, которая - позволю подчеркнуть это - любила вас и считала святым человеком...

Тот смеется.

...то что же привело вас к такому... поступку? Или вы не можете простить мне моего успеха... правда, не вполне заслуженного, и своим унижением как бы мстите мне и остальным, не понявшим вас? Но вы всегда были так равнодушны к славе! Или ваше равнодушие было только притворством, и когда более счастливый соперник...

Тот *(хохочет).* Соперник! Ты - соперник?

Господин *(бледнея).* Но моя книга!..

Тот. Ты можешь говорить о твоей книге? Мне?

Господин бледнеет. Тот с любопытством и насмешкой смотрит на него.

Господин *(поднимая глаза).* Я очень - несчастный - человек.

Тот. Почему?

Господин. Я очень несчастный человек. Вам надо простить меня. Я глубоко - я непоправимо и бесконечно несчастен.

Тот. Но почему, наконец? Объясни мне. *(Ходит.)* Ты сам сказал: твоя книга имеет ошеломительный успех, ты славен, ты знаменит; нет бульварной газеты, где не приводилось бы твое имя и... твои мысли. Кто знал меня? Кому нужна была моя тяжелая тарабарщина, в которой не доищешься смысла? Ты - ты, великий осквернитель! - сделал мои мысли доступными даже для лошадей. С искусством великого профанатора, костюмера идей, ты нарядил моего Аполлона парикмахером, моей Венере ты дал желтый билет, моему светлому герою приставил ослиные уши - и вот твоя карьера сделана, как говорит Джексон. И куда я ни пойду, вся улица кривляется на меня тысячами рож, в которых - о, насмешка! - я узнаю черты моих родных детей. О, как безобразен должен быть твой сын, похожий на меня! Так отчего же ты несчастен - несчастный?

Господин опускает голову, теребит перчатки.

Ведь тебя же еще не поймала полиция? Что я болтаю - разве тебя можно поймать? Ты всегда в пределах закона. Ты и теперь мучаешься тем, что не венчан с моей женой: при твоих кражах всегда присутствует нотариус. Зачем же мучаться, мой друг: женись! Я умер. Но тебе недостаточно моей жены? Владей и славою моею - она твоя! Владей идеями моими... вступай в права, законнейший наследник! Я умер! И, умирая *(делает тупо-благочестивое лицо),* простил тебя. *(Хохочет.)*

Господин поднимает голову и, наклонившись, устремляет свой тусклый взгляд в глаза Тота.

Господин. А гордость?

Тот. Ты - горд?

Господин выпрямляется и молча кивает головой.

Однако!.. Но отодвинься, пожалуйста, мне неприятно. И подумать только, что я когда-то любил тебя немножко и даже находил талантливым! Тебя - мою плоскую тень!

Господин *(кивая головой).* Я - ваша тень.

Тот ходит по комнате и через плечо, улыбаясь, смотрит на Господина.

Тот. Нет - ты очарователен. Но какая комедия! Какая трогательная комедия! Послушай, скажи прямо и откровенно, если можешь: ты сильно ненавидишь меня?

Господин. Да. Всею ненавистью, какая есть на земле. Сядьте здесь.

Тот. Ты приказываешь?

Господин. Сядьте здесь. Благодарю вас. *(Наклонившись.)* Я уважаем, и у меня слава - да? У меня жена и сын - да? *(Тихо смеется.)* Но моя жена любит вас: наш любимый разговор - это о вашей гениальности... она полагает, что вы гениальны; мы с нею любим вас даже на постели. Тсс! кривиться должен я. Мой сын - да, он будет похож на вас. И когда, для отдыха от чужого, я иду к моему столу, к моей чернильнице, к моим книгам, - я и там натыкаюсь на вас. Всегда вы, всюду вы - и никогда я один, никогда я сам и один. И когда ночью - поймите же, сударь! - я ухожу к моим одиноким мыслям, ночным бессонным размышлениям, - я и там, в моей голове, в моем несчастном мозгу нахожу ваш образ... ваш проклятый, ваш ненавистный образ!

Молчание. Господин откидывается и моргает.

Тот *(бормочет).* Какая комедия, как все чудесно перевернуто в этом мире: ограбленный - оказывается грабителем, грабитель - жалуется на кражу и проклинает!.. *(Смеется.)* Послушай: ты не тень моя, я ошибся. Ты - толпа. Живя мною, ты меня ненавидишь. Дыша мною, ты задыхаешься от злости. И, задыхаясь от злости, ненавидя, презирая меня, - ты плетешься в хвосте моих идей... но задом наперед! задом наперед, товарищ! О, какая чудесная комедия дня! *(Ходит улыбаясь.)*

Молчание.

Послушай: а тебе не станет легче, если я... действительно умру?

Господин. Да. Я думаю. Смерть делает расстояние и приглушает память. Смерть... примиряет. Но вы не похожи на человека, который...

Тот. Да, да... Смерть! Конечно!

Господин. Сядьте здесь.

Тот. Слушаю. Ну?

Господин. Конечно, я не смею просить вас... *(кривит рот)* просить вас умереть, но скажите: вы никогда больше не вернетесь туда? Нет, не смейтесь... Хотите, я поцелую вам руку? Нет, не надо кривиться. Ведь я поцеловал бы вам руку, если бы она стала... мертвая?

Тот *(тихо).* Прочь - гадина!

Играя (как в первой картине), входят мелкими шажками Тили и Поли, долго не видят собеседников.

Жак!

Тили. А, здравствуй, Тот. Мы разучиваем. Знаешь, очень трудно, у Жака столько же музыки в голове, сколько у моей свиньи.

Тот *(небрежно).* Это мой друг... К бенефису?

Клоуны, здороваясь, делают идиотское лицо.

Поли. Да. А ты что готовишь? Ты хитрый, Тот. Консуэлла сказала, что ты готовишь к ее бенефису. Она скоро уходит, ты знаешь?

Тот. Разве?

Тили. Зинида сказала. А то они дали бы бенефис. Но она славная девушка.

Поли *(беря дудочку).* Ну? И не иди так, как будто ты слон. Ты - муравей. Ну?

Играя, уходят.

Господин *(улыбаясь).* Это ваши новые товарищи? Какие они странные!..

Тот. Здесь все странно.

Господин. Этот ваш костюм... к вам так шло черное. От него рябит в глазах.

Тот *(оглядывая себя).* Нет, красиво. - Началась репетиция, тебе надо уходить. Ты мешаешь.

Господин. Но вы не ответили на мой вопрос!

На арене тихие звуки танго, маленький оркестр.

Тот *(слушая музыку, рассеянно).* На какой?

Господин *(не слыша музыки).* Я умоляю вас сказать мне: вы вернетесь когда-нибудь туда или нет?

Тот *(слушая музыку).* Никогда... никогда, никогда.

Господин *(вставая).* Благодарю вас. Я ухожу.

Тот. Никогда, никогда, никогда... Да, уходи - и не возвращайся. Там ты был еще выносим и на что-то нужен, а здесь ты лишний.

Господин. Но если с вами что-нибудь случится?.. вы человек здоровый, но здесь такая обстановка, такие люди... как я узнаю тогда? Ваше имя здесь неизвестно?

Тот. Мое имя здесь неизвестно, но ты узнаешь. Ну, что еще?

Господин. Я могу быть спокоен? Вы даете мне честное слово? Конечно - сравнительно спокоен.

Тот. Да, ты можешь быть сравнительно спокоен. Никогда!

Идут к двери. Господин останавливается.

Господин. А я могу бывать в цирке... вы позволите?

Тот. Конечно: ведь ты же публика! *(Смеется.)* Но контрамарки я тебе не дам. А зачем тебе надо здесь бывать? Ты так любишь цирк? С каких пор?

Господин. Мне хочется еще посмотреть вас и, может быть, понять... Такая метаморфоза! Зная вас, я не могу допустить, чтобы и здесь вы не преследовали какой-нибудь идеи. Но какой? *(Близоруко всматривается в Тота)*

Тот строит рожу и шутовски делает нос.

Что это?

Тот. Моя идея! Честь имею кланяться, князь! Мой привет вашей высокоуважаемой супруге и преле-е-стному сыну вашего сиятельства!

Входит М а н ч и н и.

Манчини Ты положительно живешь в цирке, Тот. Когда я ни приду, ты уже здесь... это фанатик своего дела, сударь...

Тот *(знакомя).* Князь Понятовский! Граф Манчини!

Манчини *(охорашиваясь).* Очень, очень приятно. А вы также, князь, знаете моего чудака? Не правда ли, какая славная рожа! *(Покровительственно касается палкой плеча Тота)*

Господин *(неловко).* Да, я имел удовольствие, как же... Честь имею, граф...

Манчини Честь имею, князь.

Тот *(провожая).* Осторожнее, ваше сиятельство, в темных переходах: здесь встречаются такие ступеньки. К сожалению, я лишен возможности сам вывести вас на улицу...

Господин *(останавливаясь, тихо).* Вы не протянете мне руку на прощанье? Мы расстаемся навсегда.

Тот. Лишнее, князь. Я еще имею надежду встретиться с вами в царстве небесном. Вы ведь там также будете?

Господин *(брезгливо).* Когда вы успели? В вас так много клоунского.

Тот. Я Тот, который получает пощечины. До свиданья,

князь!

Делают еще шаг.

Господин *(засматривая в глаза Тоту, совсем тихо).* А вы - не сошли с ума?

Тот *(также тихо, делая большие глаза).* Боюсь... боюсь, что вы правы, князь. *(Еще тише)* Осел! еще никогда ты не выражался так точно: я сошел с ума! *(Играя, показывает как бы ступеньки - от головы к полу. Смеется.)* Сошел! Князь - до свиданья!

Господин выходит. Тот, возвращаясь, делает па и становится в позу.

Манчини, давай танцевать танго Манчини -тебя обожаю.

Манчини *(сидит, развалившись и играя тростью).* Ну, ну - не забывайся, Тот. Но ты что-то скрываешь, чурбан; я всегда говорил, что ты из общества. С тобою так легко! А кто этот твой князь - настоящий?

Тот. В высокой степени настоящий. Как и ты!

Манчини Симпатичное лицо, хотя я сразу почему-то принял его за могильщика, пришедшего получать заказ. Ах, Тот! когда я, наконец, расстанусь с этими грязными стенами, с папа Брике, глупыми афишами, грубыми жокеями!

Тот. Теперь скоро, Манчини.

Манчини Да, теперь скоро. Ах, Тот, я просто изнемог в этой среде, я начинаю чувствовать себя лошадью. Ты из общества, но ты еще не знаешь, что такое высший свет! Оденься, наконец, прилично, бывать на приемах, блистать остроумием, изредка перекинуться в баккара *(смеется)*, не прибегая к фокусам и жонглерству...

Тот. А вечерком пробраться в предместье, где тебя считают честным папашей, любящим детишек, и...

Манчини И кое-что подцепить, да! *(Смеется.)* Я буду носить шелковую маску, а за мною будут идти два лакея, чтобы эта подлая чернь не оскорбила меня... Ах, Тот, во мне бурлит кровь моих предков! Посмотри на этот стилет: как ты думаешь, он был когда-нибудь в крови?

Тот. Ты меня пугаешь, граф!

Манчини *(смеясь и вкладывая стилет).* Чурбан!

Тот. А как с девочкой?

Манчини Тсс! Мещане вполне удовлетворены и благословляют мое имя. *(Смеется.)* Вообще блеск моего имени разгорается с небыва-а-лой силой! Кстати: ты не знаешь, какая автомобильная фирма считается наилучшей? Деньги не важны. *(Смеется.)* А, папа Брике!

Входит Брике; одет, в пальто и цилиндре. Здороваются.

Брике. Ну, вот ты и добился бенефиса для твоей Консуэллы, Манчини! Скажу, впрочем, что если бы не Зинида...

Манчини Но, послушай, Брике, ты положительно осел: чего ты жалуешься? На бенефис Консуэллы барон берет весь партер, тебе этого мало, скупец?

Брике. Я люблю твою дочку, Манчини, и мне жаль ее отпускать. Чего ей не хватает здесь? Честный труд, прекрасные товарищи - а воздух?

Манчини Не ей, а мне не хватает - понял? *(Смеется.)* Я просил тебя, Гарпагон: прибавь, а теперь - не разменяешь ли ты мне тысячу франков, директор?

Брике *(со вздохом)*. Давай.

Манчини *(небрежно)*. Завтра. Я их оставил дома.

Все трое смеются.

Смейтесь, смейтесь! А сегодня мы едем с бароном на его загородную виллу; говорят, недурненькая вилла...

Тот. Зачем?

Манчини Ну, ты знаешь капризы этих миллиардеров, Тот. Хочет показать Консуэлле какие-то зимние розы, а мне свой погреб. Он заедет за нами сюда... Что с тобою, Консуэллочка?

Входит Консуэлла, почти плачет.

Консуэлла. Я не могу, папа, скажи ему! Какое право он имеет кричать на меня? Он чуть не ударил меня хлыстом.

Манчини *(выпрямляясь)*. Брике! Прошу вас как директора... что это за конюшня? Мою дочь - хлыстом? Да я этого мальчишку! Какой-то жокей - нет, это черт знает что! Черт знает что, клянусь!

Консуэлла. Папа...

Брике. Да, я скажу...

Консуэлла. Ах, нет же! Альфред вовсе не ударил меня, я так глупо сказала. Что вы придумали? Ему самому так жаль...

Брике. Все-таки я скажу, что...

Консуэлла. Не смей! Не надо говорить. Он ничего не делал!

Манчини *(еще горячась)*. Он должен извиниться, мальчишка.

Консуэлла. Ах, да он извинился же - как вы глупы все! Просто мне сегодня не удается, я и расстроилась, такие пустяки. Он так извинялся, глупый, а я не хотела его прощать. Тот, милый, здравствуй, я не заметила тебя... Как к тебе идет этот галстук. Ты куда, Брике? К Альфреду?

Брике. Нет, я так. Я иду домой. Зинида просила кланяться тебе, девочка. Она еще и сегодня не будет. *(Выходит.)*

Консуэлла. Какая милая эта Зинида, такая хорошая... Папа, отчего здесь все теперь кажутся мне такими милыми? Должно быть, оттого, что я скоро уйду отсюда. Тот, ты не слыхал, какой марш будут играть Тили и Поли? *(Смеется.)* Такой веселый.

Тот. Да, слыхал. Твой бенефис будет замечателен.

Консуэлла. Я сама думаю. Папа, я хочу есть. Закажи мне бутерброд.

Тот. Я сбегаю, царица!

Консуэлла. Сбегай, Тот. *(Кричит.)* Только с сыром не надо.

Манчини и Консуэлла одни. Манчини, развалившись в кресле, критически рассматривает дочь.

Манчини В тебе сегодня есть что-то особенное, дитя... не знаю, лучше или хуже. Ты плакала?

Консуэлла. Да, немножко. Ах, как я хочу есть!

Манчини Ты же завтракала...

Консуэлла. То-то, что нет. Ты сегодня опять забыл оставить денег, а без денег...

Манчини Ах, черт возьми! Вот память! *(Смеется.)* Но сегодня мы хорошо покушаем, ты не наседай на бутерброды. Нет, ты положительно мне нравишься. Тебе надо чаще плакать, дитя, это смывает с тебя лишнюю наивность, ты больше женщина.

Консуэлла. Разве я так наивна, папа?

Манчини Очень! Слишком! В других я это люблю, но в тебе... да и барон...

Консуэлла. Глупости. Я не наивна. Но знаешь, Безано так бранил меня, что и ты бы заплакал. Черт знает что!

Манчини Тсс! Никогда не говори: черт знает что. Это неприлично.

Консуэлла. Я только с тобой говорю.

Манчини И со мной не надо - я и так знаю. *(Смеется.)*

Звуки необычайно бурного и стремительного циркового галопа, звонкие вскрики, хлопанье бича.

Консуэлла. Ах, послушай, папа! Это новый номер Альфреда, он делает такой прыжок... Джим говорит, что он непременно свернет себе шею. Бедненький!

Манчини *(равнодушно).* Или ноги, или спину, они все что-нибудь себе ломают. *(Смеется.)* Ломкие игрушки!

Консуэлла *(слушая музыку).* Мне будет скучно без них. Папа, барон обещал, что сделает для меня круг, по которому я могу скакать, сколько хочу... он не врет?

Манчини Круг? *(Смеется.)* Нет, это он не врет! Кстати, дитя мое, про баронов говорят: лжет, а не врет.

Консуэлла. Все равно. Хорошо быть богатым, папа, все можно сделать.

Манчини *(восторженно).* Все! Все, дитя мое! Ах, сегодня решается наша судьба, молись милостивому Богу, Консуэлла: барон висит на ниточке.

Консуэлла *(равнодушно)*. Да?

Манчини *(показывая пальцами)*. На тончайшей шелковой ниточке. Я почти убежден, что он сегодня сделает предложение. *(Смеется.)* Зимние розы и паутина среди роз, чтобы моя маленькая мушка... Он такой паук!

Консуэлла *(равнодушно)*. Да, ужасный паук. Папа, а руку еще нельзя давать целовать?

Манчини Ни в каком случае. Ты еще не знаешь этих мужчин, дитя мое...

Консуэлла. Альфред никогда не целует.

Манчини Альфред! Твой Альфред мальчишка, и не смеет. Но эти мужчины, с ними необходима крайняя сдержанность, дитя мое. Сегодня он поцелует тебе пальчики, завтра -около кисти, а послезавтра - ты у него уже на коленях!

Консуэлла. Фи, папа, что ты говоришь! Как тебе не стыдно!

Манчини Но я знаю...

Консуэлла. Не смей! Я не хочу слушать эти гадости. Я такую дам барону оплеуху, хуже, чем Тоту. Пусть только сунется.

Манчини *(огорченно разводя руками)*. Все мужчины таковы, дитя.

Консуэлла. Неправда. Альфред не такой! Ах, ну что же Тот? Сказал: побегу, а все нет.

Манчини Буфет закрыт, и ему нужно достать. Консуэлла, я еще хочу предупредить тебя, как отец, относительно Тота: не доверяй ему. Он что-то, знаешь, такое... *(вертит пальцами около головы)* он нечисто играет!

Консуэлла. Ты обо всех так говоришь. Я Тота знаю: он такой милый и любит меня.

Манчини Поверь мне: там что-то есть.

Консуэлла. Папа, ты надоел с твоими советами! Ах, Тот, мерси.

Тот, несколько запыхавшийся, подает бутерброды.

Тот. Кушай, Консуэлла.

Консуэлла. Он еще теплый, - ты так бежал, Тот? Я тебе так благодарна! *(Кушает.)* Тот, ты любишь меня?

Тот. Люблю, царица. Я твой придворный шут.

Консуэлла *(кушает).* А когда я уйду, ты возьмешь себе другую царицу?

Тот *(делая реверанс).* Я последую за тобою, несравненная. Я буду нести твой белый шлейф и утирать им слезы. *(Притворно плачет.)*

Манчини Чурбан! *(Смеется.)* Но как жаль, Тот, что прошли эти чудесные времена, когда при дворе Манчини кривлялись десятки пестрых шутов, которым они давали золото и пинки. Теперь Манчини должен идти в грязный цирк, чтобы видеть порядочного шута, да и то - чей он? Мой? Нет, всякого, кто заплатил франк... Скоро от демократии нельзя будет дышать, Тот. Ей также нужны шуты. Ты подумай, Тот, какая беспримерная наглость!

Тот. Мы служим тому, кто платит, - что поделаешь, граф!

Манчини Но разве это не печально? А ты представь только: мы сидим в моем замке; я у камина потягиваю вино, а ты у моих ног болтаешь глупости, звенишь бубенчиками и развлекаешь меня. Кое в чем пощипываешь и меня, это допускалось традициями и нужно для циркуляции крови. Потом ты мне надоел, мне захотелось другого - и вот я даю тебе пинка... Тот, как бы это было прекрасно!

Тот. Это было бы божественно, Манчини!

Манчини Ну да! И ты получал бы золото,

очаровательные желтенькие штучки. Нет, когда я разбогатею, я возьму тебя - это решено.

Консуэлла. Возьми его, папа.

Тот. И когда граф, утомленный моей болтовней, даст мне пинка сиятельной ногою, я лягу у ножек моей царицы и буду...

Консуэлла *(смеясь).* Ждать того же? Ну, я кончила. Дай мне платок, папа, вытереть руки, у тебя в том кармане есть второй. Ах, господи, еще нужно работать!

Манчини *(тревожно).* Но не забудь, дитя!

Консуэлла. Нет, сегодня я не забуду. Поезжай.

Манчини *(смотрит на часы).* Да, пора уже. Он просил меня заехать за ним, когда ты будешь готова. Пока я вернусь... тебе еще надо переодеться. *(Смеется.)* Signori! Mie complimenti![2] *(Играя палкой, удаляется.)*

Консуэлла садится в угол дивана, укутавшись платком.

Консуэлла. Ну, Тот, ложись у моих ног и расскажи что-нибудь веселенькое... Знаешь, когда у тебя нарисован смех, ты красивее, но ты и так очень, очень мил! Ну - Тот? Отчего же ты не ложишься?

Тот. Консуэлла! Ты выходишь за барона?

Консуэлла *(равнодушно).* Кажется. Барон висит на ниточке. Тот, там, в бумаге, остался один бутербродик, скушай.

Тот. Благодарю, царица. *(Ест.)* А ты помнишь мое предсказание?

Консуэлла. Какое?.. Как ты быстро глотаешь - что, вкусно было?

Тот. Вкусно. Что если ты выйдешь за барона, то...

Консуэлла. Ах, это! Но ведь ты шутил тогда?

---

2 Синьоры, мое уважение! *(ит.)*

Тот. Как знать, царица. Иногда человек шутит, и вдруг выходит правда: звезды напрасно говорить не станут. Если даже человеку трудно бывает раскрыть рот и сказать слово, то каково же звезде - ты подумай!

Консуэлла *(смеется).* Еще бы - такой рот!

Тот. Нет, моя маленькая, на твоем месте я бы очень задумался. Вдруг ты умрешь? Не выходи за барона, Консуэлла!

Консуэлла *(думая).* А что такое - смерть?

Тот. Не знаю, царица, никто не знает. Как и любовь! Но ручки твои похолодеют, и глазки закроются. Ты уйдешь отсюда - и музыка будет играть без тебя, и без тебя будет скакать сумасшедший Безано, и без тебя Тили и Поли будут играть на своих дудочках: тили-тили, поли-поли...

Консуэлла. Не надо! Мне и так грустно, Тотик. Тили-тили, поли-поли...

Молчание. Тот взглядывает на Консуэллу.

Тот. Ты плакала, Консуэллочка?

Консуэлла. Да, немножко, меня расстроил Альфред. Но подумай: разве я виновата, что сегодня у меня не выходит? Я же старалась, но если у меня не выходит!

Тот. Отчего?

Консуэлла. Ах, я не знаю. Тут что-то есть такое... *(прижимает руку к сердцу)* я не знаю. Должно быть, я больна, Тот. Что такое болезнь? Это очень больно?

Тот. Это не болезнь. Это чары далеких звезд, Консуэлла! Это голос твоей судьбы, моя маленькая царица!

Консуэлла. Не говори, пожалуйста, глупостей. Какое дело звездам до меня? Я такая маленькая. Глупости, Тот! Лучше расскажи мне другую сказку, которую ты знаешь: про синее море и про тех богов, знаешь? - которые так прекрасны. Они все уже умерли?

Тот. Они живы, но они скрываются, богиня.

Консуэлла. В лесу и на горах? Их можно встретить? Ах, Тот, подумай: вдруг бы я встретила бога и он взглянул на меня! Я бы убежала! *(Смеется.)* А сегодня утром, когда не было завтрака, мне вдруг стало так скучно, так противно, что я подумала: хоть бы пришел бог и накормил меня! И только что я подумала, вдруг я услыхала... честное слово, правда! услыхала: Консуэлла, кто-то зовет. *(Сердито.)* Пожалуйста, не смейся!

Тот. Разве я смеюсь?

Консуэлла. Честное слово, правда. Ах, Тот, но ведь он не пришел. Он только позвал и сам скрылся, ищи его! А мне так больно стало и вот до сих пор болит... Зачем ты напомнил мне детство? - я его забыла совсем. Там было море... и еще что-то... много, много... *(Закрывает глаза, улыбается.)*

Тот. Вспомни, Консуэлла!

Консуэлла. Нет. *(Открывая глаза)* Все забыла! *(Обводит глазами комнату.)* Тот, ты видишь, какая афиша будет на мой бенефис? Папа сам придумал, и барону нравится, он смеялся.

Молчание.

Тот *(тихо).* Консуэлла, царица моя! Не езди сегодня к барону.

Консуэлла. Это почему? *(Помолчав.)* Какой, однако, ты дерзкий, Тот.

Тот *(опуская голову, тихо).* Я не хочу.

Консуэлла *(встает).* Что такое? Ты не хочешь?

Тот *(еще ниже опуская голову).* Я не хочу, чтобы ты выходила за барона. *(Умоляя.)* Я... не позволю... Я... очень прощу!

Консуэлла. А за кого же прикажешь? Не за тебя ли, шут? *(Злобно смеется.)* Ты спятил, голубчик? Я не позволю... Это он! Он не позволит мне! Нет, это просто невыносимо! Какое тебе дело до меня? *(Расхаживает по комнате, через плечо сердито глядя на Тота)* Какой-то шут, клоун, которого завтра выгонят отсюда! Ты мне надоел с твоими дурацкими сказками... или ты так любишь пощечины? Дурак, который не мог придумать лучшего: пощечины!

Тот *(не поднимая глаз).* Прости, царица.

Консуэлла. Рад, что над ним смеются... тоже, бог! Нет, не прощу. Я тебя знаю: у тебя тут *(показывая на голову)* что-то вертится! Смеется... такой милый... играет, играет, а потом вдруг и бац, скажет: слушайте его! Обжегся, голубчик, не на ту напал? Вот неси мой шлейф, это твое дело... шут!

Тот. Я понесу твой шлейф, царица. Прости меня, верни мне образ моей милостивой и прекрасной богини.

Консуэлла *(успокаиваясь)*. Опять играешь?

Тот. Играю.

Консуэлла. Вот видишь! *(Смеясь, садится.)* Глупый Тот.

Тот. Все вижу, царица. Вижу, как ты прекрасна, и вижу, как низко стелется под твоими ножками твой бедный шут... где-то в пропасти звучат его глупые бубенчики. Он на коленях просит: прости и пожалей его, божественная. Он был дерзок и заносчив, он так весело играл, что заигрался, - и потерял свой крохотный разум, последние сбережения рассудка - прости!

Консуэлла. Ну, прощаю. *(Смеется.)* А за барона теперь

позволишь?

Тот *(также смеясь).* А за барона - все-таки не позволю. Но что значит для царицы позволение ее влюбленного шута?

Консуэлла. Ну, встань, ты прощен. А, знаешь, за что? Ты думаешь, за твои слова?.. Ты хитрая бестия, Тот! Нет - за бутерброды, вот за что! Ты был так мил и так запыхался, когда принес их... бедный Тотик. С завтрашнего дня можешь снова лежать у моих ног. Как только я свистну: иси...

Тот. Так я тотчас же ложусь к твоим ногам, Консуэлла, это решено. Но сегодня все мои бубенчики облетели и...

Вошел Безано. Он смущен.

Консуэлла. Альфред? Ты за мной?

Безано. Да. Ты еще будешь работать, Консуэлла?

Консуэлла. Конечно, буду. Сколько хочешь! А я думала, что ты сердишься на меня, Альфред. Я больше не буду зевать.

Безано. Нет, ты не зевала. Ты не обижайся, что я так кричал... право, я... Но, знаешь, когда надо учить, и человек...

Консуэлла. Господи, да разве я не понимаю. Ты еще слишком добр, невыносимо добр, что соглашаешься учить такую дуру, разве я не понимаю? Идем.

Безано. Идем. Мы еще не видались, Тот. Здравствуй.

Тот. Здравствуй, Безано. Нет, нет, одну минуту, одну минуту постойте так! Да.

Консуэлла и Безано стоят рядом; жокей хмурится,

Консуэлла смеется и краснеет.

Безано *(недовольно).* Что ты выдумал, Тот?

Консуэлла *(краснея).* Как Адам и Ева? Какой ты глупый, ужасно! *(Убегает.)* Я только переменю туфли, Альфред...

Тот. Консуэлла, а как же папа и барон? Они сейчас придут за тобой.

Консуэлла. Ну и пусть. Могут подождать, не такие важные! *(Убегает.)*

Безано нерешительно идет за нею.

Тот. Останься на одну минуту, Безано. Сядь.

Безано. Что еще надо? Мне некогда заниматься пустяками.

Тот. Или стой - как хочешь! Безано, ты любишь ее?

Молчание.

Безано. Я никому не дам вмешиваться в мои дела. Ты слишком много позволяешь себе, Тот. Я тебя не знаю, ты пришел с улицы - и почему я должен верить тебе?

Тот. А барона ты знаешь? Послушай, мне трудно произнести эти слова... но она любит тебя. Спаси ее от паука! Или ты ослеп и не видишь теней, которыми заткнуты здесь все темные углы? Вырвись из твоего заколдованного круга, по которому ты носишься, как слепой, - умчи ее, укради, сделай что хочешь... наконец, убей ее и возьми на небо или к черту! - но не отдавай этому человеку. Он - осквернитель любви. И если ты робок, если тебе страшно поднять руку на нее - убей барона. Убей!

Безано *(усмехаясь)*. А кто убьет следующих?

Тот. Она любит тебя!

Безано. Она сама сказала это?

Тот. Какая маленькая, какая глупая, какая человеческая гордость! А ведь ты божок... бог, юноша! Отчего ты не хочешь поверить мне? Или тебя смущает улица, откуда я пришел? - но взгляни же сам, посмотри мне в глаза: разве такие лгут. Да, лицо мое безобразно, я корчу гримасы и рожи, меня окружает смех... но не видишь ли ты за этим бога, как и ты? Ну, смотри, смотри же на меня!

Безано хохочет.

Что ты... мальчишка?!

Безано. Ты... сейчас совсем, как тогда, на арене... помнишь? Когда ты великий человек и за тобою прислали из академии, бац! Тот, кто получает пощечины.

Тот *(также хохочет)*. Да, да - а ведь похоже, Безано! Очень! *(С мучительным напряжением играет, становясь в позу.)* Кажется, это прислали за мной из академии?

Безано *(хмурясь)*. Но мне не нравится эта игра. Подставляй свое лицо, если хочешь, а меня ты не смеешь. *(Идет к выходу.)*

Тот. Безано!..

Безано *(оборачиваясь)*. И чтобы я никогда не слыхал про Консуэллу и что... я бог, не сметь! Знаешь - это противно! *(Выходит, гневно бьет себя хлыстом по ботфортам.)*

Тот один. Гневно, с перекосившимся лицом, делает шаг вслед жокею, останавливается - и беззвучно смеется, закинув голову. Таким застают его Манчини и барон.

Манчини *(смеясь).* Какой ты весельчак, Тот! Смеешься даже один.

Тот громко хохочет.

Да перестань же, шут! Как тебя разбирает.

Тот *(низко и размашисто кланяясь).* Здравствуйте, барон. Мое нижайшее почтение, граф. Прошу простить меня, граф, но вы застали клоуна за работой... так сказать, среди его повседневных удовольствий, барон.

Манчини *(поднимая брови).* Тсс! Но ты -умный человек, Тот. Я буду просить папу Брике, чтобы тебе дали бенефис... хочешь, Тот?

Тот. Окажите милость, граф.

Манчини Но, но, не слишком, будь проще, Тот. *(Смеется.)* Но сколько ты получишь пощечин в твой бенефис, если даже в будни в тебя звонят, как в гонг? Странная профессия, не правда ли, барон?

Барон. Очень странная. Но где же графиня?

Манчини Да, да... я сейчас схожу за нею. Дитя, она так увлекается своим бенефисом и работой... они называют свои прыжки работой, барон!

Барон. Я могу подождать. *(Садится, цилиндр на голове)*

Манчини Нет, зачем же? Я потороплю ее. Я скоро. А ты, Тот, будь хозяином и займи нашего дорогого гостя... Вы с ним не соскучитесь, барон. *(Выходит.)*

Тот размашисто шагает по комнате, улыбаясь и поглядывая на барона. Барон сидит, - широко расставив ноги, подбородком опершись на палку. На голове цилиндр. Спокоен.

Тот. Как прикажете вас занимать, барон?
Барон. Никак. Я не люблю клоунов.
Тот. Как и я баронов.

Молчание. Тот надевает на голову котелок, размашисто берет стул и со стуком ставит против барона. Садится верхом, повторяя позу барона, и смотрит ему в глаза. Молчание.

Вы долго можете молчать?
Барон. Долго.

Молчание. Тот постукивает ногой по полу.

Тот. А вы долго можете ждать?
Барон. Долго.
Тот. Пока не получите?
Барон. Пока не получу. А вы?
Тот. Я также.

Молча, сдвинувшись головами, смотрят друг на друга. На арене звуки танго.

Занавес

ДЕЙСТВИЕ ЧЕТВЕРТОЕ
Бенефис Консуэллы

На арене музыка. В цирковой комнате бо;льший беспорядок, нежели обычно. Много навешено и валяется по углам платья артистов. На столе, брошенный небрежною рукою, лежит большой букет огненно-красных роз. У арочного входа курят и болтают три берейтора - второстепенных артиста, несущих берейторскую службу. Одинаковые проборы на приглаженных волосах, два с усиками, третий брит, лицом похож на бульдога.

Бритый. Полно, Анри. Десять тысяч франков - это слишком много даже для барона!

Второй. А почем теперь розы?

Бритый. Я не знаю. Зимой они дороже, конечно, но все же Анри болтает глупости. Десять тысяч!

Второй. У барона свои оранжереи, ему ничего не стоит.

Анри *(бросая сигару, которая обожгла ему кончики пальцев).* Нет, ты несносен, Граб! Послушай: ведь это же целая фура, от нее на милю пахнет розами. Чтобы усыпать всю арену...

Бритый. Только круг.

Анри. Это все равно. Чтобы усыпать круг, их нужно тысячи - тысячи роз и бутонов! Ты увидишь, что это будет, когда они лягут ковром... он велел ковром, Граб, понимаешь!

Второй. Но какая баронская прихоть! Нам не пора?

Анри. Нет еще, успеем. А мне это нравится: огненно красный танго на огненно-красном ковре из зимних роз!

Бритый. Консуэлла будет скакать по розам, а Безано?

Второй. А Безано - по шипам.

Улыбки.

Бритый. У мальчишки нет самолюбия: я бы отказался!

Анри. Но это его служба, он обязан, Граб. *(Смеется.)* А о самолюбии поговори с ним самим: он зол и горд, как сатаненок.

Второй. Нет, - чудесный бенефис, не говорите. Приятно смотреть на эту толпу, она так возбуждена...

Анри. Тсс!

Все трое, как пойманные школьники, бросают сигары и папиросы и дают дорогу З и н и д е, идущей с Т о т о м.

Зинида *(строго).* Почему вы здесь, господа? Ваше место у барьера.

Анри *(улыбаясь, почтительно).* Мы только на минуту, мадам Зинида, мы идем. Какой удачный вечер, не правда ли? - и какая слава для папы Брике!

Зинида. Да. Идите и, пожалуйста, не оставляйте ваших мест.

Берейторы уходят. Зинида открывает стол и прячет какие-то бумаги. Она в костюме укротительницы.

Ты что делал около зверей, Тот? Ты меня испугал.

Тот. Так, герцогиня. Я хотел послушать, что говорят звери о бенефисе. Они шагают по клетке и ворчат.

Зинида. Их раздражает музыка. Ну, Тот? Садись. Вечер превосходный - и я очень рада, что Консуэлла уходит от нас! Ты слыхал про баронские розы?

Тот. Все говорят. Розы Гименея!

Зинида. Вот и еще... *(отталкивает букет)* везде разбросаны! Да, я рада. Она здесь лишняя и мешает работе. Это несчастье для труппы, когда в ней заведется такая, слишком красивая и... доступная девчонка.

Тот. Но ведь это же честный брак, герцогиня!

Зинида. Для меня это безразлично.

Тот. И пауки ведь также нуждаются в улучшении породы! Какие очаровательные паучата выведутся у этой пары - ты воображаешь, Зинида? С лицом матери-Консуэллы и с нутром папаши-барона они смогут украсить любую арену.

Зинида. Ты сегодня зол, Тот. И мрачен.

Тот. Я смеюсь.

Зинида. Но не весело. Ты почему без грима?

Тот. Я в третьем отделении, еще успею. А как относится к вечеру Безано? Он тоже доволен?

Зинида. Я не говорила с Безано. А знаешь ли, что я думаю, мой друг: ты также здесь лишний!

Молчание.

Тот. Как прикажешь понимать это, Зинида?

Зинида. Как сказано. В сущности, Консуэлла продалась за пустяки: что такое этот барон и его несчастные миллионы. Про тебя говорят, что ты очень умен, пожалуй, даже слишком, так вот скажи мне, подумай: за сколько можно купить меня?

Тот *(как бы прицениваясь).* Только за корону.

Зинида. Баронскую?

Тот. Нет - королевскую.

Зинида. Да, ты очень неглуп. А ты догадался, что Консуэлла не родная дочь Манчини?

Тот *(пораженный).* Да что ты! А она знает об этом?

Зинида. Едва ли, да и зачем ей знать? Да, безродная девчонка с Корсо, которую он предпочел пустить в оборот, нежели... Но по закону она его дочь - графиня Вероника Манчини.

Тот. Хорошо, когда все делается по закону, не правда ли, Зинида? Но любопытно: в ней больше голубой крови, чем в этом Манчини... можно подумать, что это она подобрала его на улице и сделала отцом и графом. Граф.
Манчини! *(Смеется.)*

Зинида. Да, ты мрачен. Тот, я передумала: оставайся здесь.

Тот. Я не буду лишний?

Зинида. Когда она уйдет, ты не будешь лишний... О, ты еще не знаешь, как с нами хорошо, как легко душе и телу. Я понимаю тебя, я тоже умная. Как и ты, я оттуда принесла с собою привычку к цепям и долгое время сама приковывала себя... к чему попало, только бы держаться.

Тот. Безано?

Зинида. Безано и другие, их много было и много будет. Мой рыжий лев, в которого я безнадежно влюблена, страшнее и хуже всякого Безано... Но это пустяки, дурные привычки, которые жаль прогонять, как старых слуг, ворующих мелочь. Оставь Консуэллу, у нее своя дорога.

Тот. Автомобиль и бриллианты?

Зинида. А где ты видел красавицу в сарпинке? Не этот

купит, так другой - ведь все красивое покупают они. Да, я знаю: десять лет она будет печальной красавицей, на которую будут заглядываться бедняки с панели, потом она начнет подкрашивать глаза и улыбаться, потом возьмет...

Тот. Любовником шофера или гайдука? Ты недурно гадаешь, Зинида!

Зинида. А разве не правда? Я не хочу врываться в твое доверие... но сегодня мне жаль тебя, Тот. Что ты можешь сделать против судьбы? Не обижайся, мой друг, на слова женщины: мне ты нравишься, но ты некрасив, немолод и небогат, и твое место...

Тот. На панели, откуда смотрят на красавиц? *(Смеется.)* Но если я не хочу?

Зинида. Что значит твое хочу или не хочу! Мне жаль тебя, бедный друг, но если ты силен и мужчина... а ты мне кажешься таким, то путь у тебя один: забыть.

Тот *(смеется).* По-твоему, это сила? Ты ли это, царица Зинида, которая даже в львином сердце хочет пробудить любовь? За один только миг обманчивого обладания ты готова заплатить жизнью, а мне советуешь... забыть! Дай твою сильную руку, прекрасная, и посмотри, сколько силы в моем пожатии... и не жалей меня!

Входят Брике и Манчини. Последний сух и важен, одет в новое, но та же палка и тот же безмолвный смех сатира.

Зинида *(шепчет).* Останешься?

Тот. Да, я не уйду.

Манчини Как мы поживаем, дорогая? Но вы ослепительны, клянусь, вы ослепительны! Ваш лев будет осел, если не поцелует вам ручку, как позволяю себе я... *(Целует руку.)*

Зинида. Мне можно поздравить вас, граф?

Манчини Да. Мерси. *(К Тоту.)* Здравствуй, любезный!

Тот. Честь имею кланяться, граф.

Брике. Зинида, граф хочет немедленно уплатить неустойку за Консуэллу... за графиню. Ты не помнишь, мама, по контракту сколько там?

Зинида. Я сейчас взгляну, папа.

Манчини Да, прошу вас, Консуэлла больше не вернется сюда, мы завтра уезжаем.

Зинида и Брике смотрят бумаги. Тот берет довольно грубо Манчини под локоть и отводит его в сторону.

Тот *(тихо).* А как твои девочки, Манчини?

Манчини Какие девочки? Что это: глупости или шантаж? Смотри, любезный, будь осторожнее: комиссар здесь недалеко.

Тот. Ты слишком суров, Манчини! Я полагал, что с глазу на глаз...

Манчини Но послушай: какое же может быть с глазу на глаз между клоуном и мною? *(Смеется.)* Ты глуп, Тот: ты должен был предложить, а не спрашивать!

Брике. Три тысячи франков, граф.

Манчини Так мало? За Консуэллу? Хорошо, я скажу барону.

Зинида. Вы еще брали...

Брике. Не надо, мама, оставь!

Зинида. Вы еще взяли вперед, граф, у меня записано:

восемьдесят франков и двадцать сантимов. Эти деньги также позволите?

Манчини Конечно, конечно, какой вопрос! Вы получите три тысячи... сто. *(Смеется.)* Двадцать сантимов! Я никогда не думал, что могу быть так точен: двадцать сантимов!*(Серьезно.)* Ах, вот еще что, друзья мои! Консуэлла, графиня, моя дочь, и барон выразили желание проститься с труппой...

Тот. Барон также?

Манчини Да. Огюст также. Они хотят это сделать в антракте. И вот я прошу вас собрать сюда... наиболее приличных - но без толкотни, без толкотни! Тот, милейший, будь так добр, сбегай в буфет и скажи, чтобы сюда немедленно подали корзину шампанского и бокалы... Понимаешь?

Тот. Слушаю, граф...

Манчини Постой... Не так быстро. Что это, новый костюм? Ты весь горишь, как черт в аду!

Тот. Слишком много чести, граф: какой я черт? Я только бедный грешник, которого поджаривают черти. *(Уходит, шутовски кланяясь.)*

Манчини Талантливый малый, но пройдоха, о!

Брике. Это цвета танго, в честь вашей дочери, граф. Ему нужно для новой шутки, которую он не хочет открывать. Не угодно ли присесть, граф?

Манчини Меня ждет Огюст, но, впрочем... *(Садится.)* А все-таки мне жаль расставаться с вами, друзья! Да, высший свет, конечно, прерогативы звания, дворцы вельмож, - но где я найду такую свободу и... простоту? Наконец, эти афиши, эти жгучие плакаты, от которых по утрам захватывало дух, - в них было что-то зовущее, бодрящее... Там я постарею, друзья!

Брике. Но высшие удовольствия, граф... Что же ты

молчишь, Зинида?

Зинида. Я слушаю.

Манчини Кстати, моя дорогая: как вам нравится мой костюм? У вас чудесный вкус. *(Расправляет кружевной галстук и кружевные манжеты.)*

Зинида. Мне нравится. Вы похожи на вельможу прежних дней, граф.

Манчини Да, но не слишком ли вольно это? Кто носит теперь кружева и атлас? Эта грязная демократия скоро всех нас нарядит в рогожу... и как там? *(Со вздохом.)* Огюст говорит, что это жабо не совсем уместно.

Зинида. Барон слишком строг.

Манчини Ну да! Но мне кажется, что он все-таки прав: я здесь немного заразился вашей фантастикой.

Входит Тот. За ним два лакея тащат корзину с шампанским, бокалы. Приготовляют на столе.

Ага. Мерси, Тот. Но только, пожалуйста, без мещанского хлопанья пробками, тише и скромнее. Счет - барону Реньяру. Так мы явимся сюда, Брике, я иду.

Зинида *(смотря на часики).* Да, сейчас кончается отделение.

Манчини Боже мой! *(Поспешно выходит.)*

Брике. Черт его возьми совсем!

Зинида *(показывая на лакеев).* Тише, Луи.

Брике. Нет, черт его возьми совсем! И ты не могла поддержать меня, мама, оставила с ним говорить... Высший свет, высшие удовольствия... мошенник!

Тот и Зинида смеются, улыбаются лакеи.

(Лакеям.) Нечего смеяться, ступайте, мы здесь сами управимся... Сода-виски, Жан! *(Ворчит.)* Шампанское!

Входит Джексон в костюме.

Джексон. И мне сода-виски! Хоть у вас слышу смех - эти идиоты положительно разучились смеяться. Мое солнце сегодня всходило и заходило, ползало по всей арене - хоть бы улыбка! Смотрят на мой зад, как в зеркало... извини, Зинида! А ты недурен, Тот, - ну, береги сегодня щеки - я ненавижу красавцев.

Брике. Бенефисная публика!

Джексон *(рассматривая лицо в маленькое зеркальце).* В партере все какие-то бароны и египетские мумии, у меня живот заболел от страха. Я честный клоун, я не могу, чтобы на меня так смотрели, как будто я украл носовой платок. Надавай им пощечин, Тот.

Тот. Будь спокоен, Джим, я отомщу. *(Выходит.)*

Зинида. А Безано?

Джексон *(ворчит).* Безано! Сумасшедший успех, конечно. Но он сам сошел с ума, он завтра же сломает себе шею. Зачем он так рискует? Или у него крылья, как у бога?.. Черт его возьми, на него гнусно смотреть, это уже не работа.

Брике. Ты прав, Джим, это уже не работа! Твое здоровье, старый товарищ!

Джексон. Твое здоровье, Луи!

Брике. Это уже не работа, когда сюда являются всякие бароны! Вот они смеются, а я негодую, я негодую, Джим.

Что им здесь надо, этим баронам? Пусть воруют кур в другом курятнике, а нас оставят в покое. Ах, будь я министром, я бы сделал железную решетку между нами и этими господами.

Джексон. Мне тоже очень жаль Консуэллочку... и противно. И почему-то мне кажется, что все мы сегодня больше похожи на мошенников, нежели на честных артистов... Тебе не кажется, Зинида?

Зинида. Всякий делает что хочет. Это дело Консуэллы и ее отца.

Брике. Оставь, мама, это неправда! Вовсе всякий не делает что хочет, а выходит так... черт его знает, почему!

Входят Анжелика и Томас, гимнаст. В костюмах.

Анжелика. Здесь будет шампанское?

Брике. А ты уж и обрадовалась?

Томас. Вот оно. Ого, сколько!

Анжелика. Мне граф сказал, чтобы я шла, я его встретила...

Брике *(сердито).* Сказал, ну и иди, а радоваться тут нечего! Смотри, Анжелика, ты плохо кончишь, я тебя насквозь вижу... Как она работает, Томас?

Томас. Хорошо.

Анжелика *(тихо).* У, какой сегодня сердитый папа Брике!

Входят Тот, Тили и Поли, за ними еще какой-то артист. Все в костюмах.

Тили. Поли, ты очень хочешь шампанского?

Поли. Нет, совсем не хочу. А ты, Тили?

Тили. И я очень не хочу. Тот, ты видал, как ходит

граф? *(Ходит, передразнивая Манчини. Смех.)*

Поли. А я буду барон, возьми меня под ручку. Тише, осел, ты наступил мне на любимое родословное дерево.

Анжелика. Сейчас кончится, теперь скачет Консуэлла, это ее вальс. Какой у нее успех!

Все слушают вальс на арене. Тили и Поли подпевают.

Но она так красива! Это ее цветы?

Слушают. Внезапно точно опять рушится стена: гром аплодисментов, крики, рев. Здесь движение. Артисты наливают шампанское. Входят н о в ы е, смеясь и болтая. Становятся скромны при виде директора и шампанского.

Голоса. Сейчас идут!

- Какой успех!

- Еще бы, когда весь партер...

- А что будет с танго?

- Не завидуй, Альфонсинка!

Брике. Тише. Без толкотни. Зинида, ты не молчи же... Высший свет!

Входит под руку с твердо шагающим бароном Консуэлла. Она сияет. Манчини важен и счастлив. Позади них берейторы, артисты и артистки. В петлице у барона огненно-красная роза.

Все аплодируют: "Браво, браво!"

Консуэлла. Господа... мои милые... Папа, я не могу. *(Бросается к Манчини и прячет лицо у него на плече)*

Манчини с улыбкой смотрит через ее голову на барона. Барон также слегка улыбается. Но в общем он суров и неподвижен. Новый взрыв аплодисментов.

Брике. Довольно, довольно, дети!

Манчини Ну, успокойся, успокойся, дитя мое... Как тебя все любят. *(Выступая несколько.)* Господа! Барон Реньяр оказал мне честь и вчера просил руки моей дочери, графини Вероники, которую вы знали под именем Консуэллы. Прошу вас взять бокалы...

Консуэлла. Нет, я и сегодня Консуэлла и всегда буду Консуэлла. Зинида, милая! *(Бросается на шею к Зиниде)*

Новые аплодисменты.

Брике. Да перестаньте же. Тише! Берите бокалы и... да берите же! Пришли, так берите!

Тили *(дрожа).* Они очень испугались. Возьми раньше сам, папа, а мы за тобою.

Берут бокалы. Консуэлла возле барона, левой рукой держится за рукав его фрака, в правой бокал, из которого разливается вино.

Барон. У вас разливается вино, Консуэлла.

Консуэлла. Ах! - ну, ничего. Я тоже боюсь. Тебе страшно, папа?

Манчини Глупенькая...

Неловкое молчание.

Брике *(выступая)*. Графиня! Как директор этого цирка... имевший счастье неоднократно... наблюдать... ваши успехи...

Консуэлла. Я не хочу так, папа Брике. Я - Консуэлла. Что вы со мною делаете? Я буду плакать. Не хочу "графиня", поцелуй меня, Брике!

Брике. Ах, тебя погубили книги, Консуэлла! *(Со слезами целует Консуэллу.)*

Смех, аплодисменты, клоуны кудахчут, лают и всеми другими способами выражают свое волнение и восторг. Пестрая толпа клоунов, костюмированных к пантомиме артистов, начинает оживляться. Барон неподвижен, вокруг него пространство, чокаются с ним быстро и почтительно и тотчас же отходят. С Консуэллой чокаются весело и охотно; с женщинами она целуется.

Джексон. Тише!.. Консуэлла! С сегодняшнего дня я гашу мое солнце: пусть темная ночь наступит с твоим уходом. Ты была славным товарищем и работником; мы все тебя любили и будем любить следы твоих ножек на песке. Больше у нас ничего не осталось!

Консуэлла. Ты такой добрый - такой добрый, Джим, что лучше тебя нет! И твое солнце лучше всех солнц, я столько на него смеялась! Альфред, мой милый, - что же ты не подходил, я тебя искала?

Безано. Поздравляю вас, графиня.

Консуэлла. Альфред! Я - Консуэлла!

Безано . Когда вы на коне, но здесь... я поздравляю вас, графиня. *(Отходит, едва коснувшись бокала. Консуэлла еще держит свой.)*

Манчини с улыбкой взглядывает на барона - тот неподвижен.

Брике. Глупости, Безано! Ты огорчаешь Консуэллу. Она хороший товарищ.

Консуэлла. Нет, я ничего.

Анжелика. Ты еще будешь танцевать с ней танго, какая же она графиня?

Тили. А мне можно чокнуться с тобою, Консуэлла? Ты знаешь, Поли уже издох от тоски, а скоро и я издохну. У меня такой слабый желудок!

Смех. Барон незаметно морщится. Движение.

Манчини Довольно, довольно, друзья! Скоро кончится антракт.

Консуэлла. Уже! Мне так здесь хорошо.

Брике. Я велю продлить его, могут и так посидеть... Скажи, Томас!

Манчини Огюст, там еще музыканты просят позволения поздравить тебя и Консуэллу... как ты?

Барон. Конечно, конечно.

Толпою входят музыканты. Дирижер, старый итальянец, торжественно поднимает бокал, не глядя на барона.

Дирижер. Консуэлла! Здесь тебя называют графиней, но для меня ты была и осталась Консуэллой...

Консуэлла. Ну, конечно!

Дирижер. Консуэлла! Мои скрипки и фаготы, мои трубы и литавры пьют твое здоровье. Будь счастлива, дитя, как ты была счастлива здесь. А мы навсегда сохраним в сердцах светлую память о легкокрылой фее, так долго водившей нашим смычком. Я кончил! Поклонись от меня нашей прекрасной Италии, Консуэлла.

Аплодисменты, приветствия. Музыканты, чокнувшись, один за другим выходят в коридор. Консуэлла почти плачет.

Манчини Но не расстраивайся же, дитя мое, это неприлично. Если бы я знал, что ты так отнесешься к этой комедии, - Огюст, посмотри, как разволновалось это маленькое сердечко!

Барон. Успокойтесь, Консуэлла.

Консуэлла. Я ничего. Ах, папа, послушай!

В коридоре звуки танго. Восклицания.

Манчини Вот видишь: это они для тебя.

Консуэлла. Какие они милые. Мой танго! Я хочу танцевать - ну, кто со мной? *(Ищет глазами Безано.)*

Безано отвернулся.

(Печально.) Ну, кто же?

Голоса. Барон!

- Пусть барон.

- Барон!

Барон. Хорошо. *(Берет за руку Консуэллу и становится посередине очистившегося круга) Я не умею танцевать танго, но я буду держать вас крепко. Танцуйте, Консуэлла! (Стоит, раздвинув ноги, тяжело и грузно, как чугунный. Серьезен и крепко держит руку Консуэллы.)*

Манчини *(рукоплещет).* Браво! Браво!

Консуэлла делает несколько движений - и вырывает руку.

Консуэлла. Нет, так я не могу, какие глупости! Пустите!

Она отходит к Зиниде и обнимает ее, словно прячется к ней. Музыка еще продолжается. Барон спокойно отходит в сторону; среди артистов неприязненное молчание. Пожимают плечами.

Манчини *(одиноко).* Браво! Браво! Это очаровательно, прелестно!

Джексон. Ну, не совсем, граф.

Тили и Поли, копируя барона и Консуэллу, танцуют, не сходя с места.

Тили *(пищит).* Пусти!

Поли. Нет, ты у меня не уйдешь! Танцуй!

Музыка обрывается. Общий, слишком громкий смех,

клоуны лают и воют. Папа Брике жестами старается водворить спокойствие. Барон, по виду, все так же равнодушен.

Манчини В конце концов, эти честные бродяги слишком развязны... *(Пожимает плечами.)* Аромат конюшни, что поделаешь, Огюст!

Барон. Не волнуйтесь, граф.

Тот с бокалом подходит к барону.

Тот. Барон! Вы разрешите предложить вам тост?

Барон. Предлагайте.

Тот. За ваш танец!

В толпе легкий смех.

Барон. Я не танцую!

Тот. Тогда другой. Барон! Выпьем за тех, кто дольше умеет ждать и получает!

Барон. Я не принимаю тостов, значение которых мне непонятно. Говорите... проще.

Чей-то женский голос: "Браво, Тот!" Легкий смех, Манчини суетливо говорит что-то папе Брике, тот разводит руками. Джексон берет Тота за руку.

Джексон. Оставь, Тот. Барон не любит шуток.

Тот. Но я хочу выпить с бароном! Что же проще?.. проще?.. Барон! - выпьемте за маленькое расстояние, которое всегда остается... между чашей и устами! *(Выплескивает вино и смеется.)*

Барон равнодушно поворачивает спину. На арене музыка и звонок, призывающий к началу.

Брике *(облегченно).* Ну, вот! На арену, господа, на арену! На арену!

Артистки убегают, толпа редеет. Смех и голоса. Манчини возбужденно что-то шепчет барону: "Огюст, Огюст!"

(Зиниде). Слава Богу, начало! Ах, мама, я просил тебя, тебе непременно хочется скандала, ты всегда...

Зинида. Оставь, Луи.

Тот подходит к Консуэлле, которая стоит одна.

Консуэлла. Тотик, милый, что же ты? Я думала, что ты не захочешь и подойти ко мне... *(Тихо.)* Ты видел, какой Безано?

Тот. Я ждал очереди, царица. К тебе так трудно протолпиться.

Консуэлла. Ко мне? *(Печально улыбаясь.)* Я стою одна... Ну, что тебе, папа?

Манчини Дитя мое, Огюст...

Консуэлла *(вырывая руку).* Оставь меня! Я сейчас. Пойди сюда, Тот. Что ты сказал ему? Они все смеялись. Я не поняла. Что?

Тот. Я шутил, Консуэлла.

Консуэлла. Не надо, пожалуйста, Тот, не надо! Не серди его, он такой страшный. Ты видел, как он сжал мою руку! Я хотела закричать. *(Со слезами на глазах.)* Он сделал мне больно!

Тот. Откажись - еще не поздно.

Консуэлла. Поздно, Тот. Молчи!

Тот. Хочешь - я увезу тебя.

Консуэлла. Куда? *(Смеется.)* Ах, глупенький мой мальчик, куда же ты можешь увезти меня? Ну, молчи, молчи. Какой ты бледный, ты тоже любишь меня? Не надо, Тот, пожалуйста, не надо. За что они любят меня?

Тот. Ты так прекрасна!

Консуэлла. Нет, нет, это неправда. Меня не надо любить. Мне было еще весело немножко, а когда они стали говорить... такое ласковое... и про Италию... прощаться со мной, как будто я умираю... я думала, что зареву! Молчи, молчи. Лучше выпей за... мое счастье... *(печально улыбается)*, за мое счастье, Тот. Что ты делаешь?

Тот. Бросаю твой бокал, из которого ты пила со всеми. Я дам тебе другой. Подожди меня. *(Уходит, чтобы налить шампанского.)*

Консуэлла идет задумавшись. Почти все разошлись, здесь только главные.

Манчини *(подходя)*. Но это просто неприлично, Вероника! Огюст так мил и ждет тебя, а ты с этим клоуном... какие-то глупые секреты. На тебя смотрят, это становится смешно! Тебе пора отвыкать, Вероника...

Консуэлла *(громко).* Оставь меня, папа. Я так хочу и так буду. Они все мои друзья... слышишь: оставь!

Барон. Перестаньте, граф. Пожалуйста, говорите, Консуэлла, с кем и сколько хотите. Не угодно ли сигару, граф? Добрейший Брике... прикажите еще продлить антракт.

Брике. Слушаю, барон, партер может немного посердиться... *(Выходит и вскоре возвращается.)*

Тот подает Консуэлле бокал.

Тот. Вот твой бокал. За твое счастье, за твою свободу, Консуэлла!

Консуэлла *(принимая бокал).* А где же твой? Надо чокнуться.

Тот. Ты мне оставишь половину.

Консуэлла. Мне нужно так много выпить? Я буду пьяная, Тотик. Мне еще скакать.

Тот. Нет, ты не будешь пьяная. Девочка, разве ты забыла, что я твой волшебник и твоя сказка? Пей спокойно, я заговорил вино, в нем чары. Пей, богиня.

Консуэлла *(медля).* Какие у тебя добрые глаза. Но зачем ты такой бледный?

Тот. Оттого, что я люблю тебя. Смотри в мои добрые глаза и пей, отдайся моим чарам, богиня! Ты уснешь и снова пробудишься, как тогда, помнишь? - и увидишь твою родину, небо...

Консуэлла *(поднося бокал к устам).* Я его увижу, это правда?

Тот *(бледнея еще больше)*. Да! Пробудись, богиня, - и вспомни то время, когда с пеною морскою ты возникла из лазурного моря. Вспомни то небо - и тихий ветер с востока - и шепоты пены у твоих мраморных ножек...

Консуэлла *(выпивая)* . Вот. Смотри: как раз половина! Возьми. Но что с тобою? - ты смеешься или плачешь, Тот?

Тот. Я смеюсь и плачу.

Манчини *(слегка отталкивая Тота)*. Довольно, графиня, мое терпение истощено! Если Огюст так добр и позволяет, то я, ваш отец... вашу руку, графиня! Посторонись, любезный!

Консуэлла. Я устала.

Манчини Вы не устаете болтать и пить вино с фигляром, а когда вас призывает долг... Брике, прикажите давать звонок, пора.

Консуэлла. Я устала, папа.

Зинида. Послушайте, граф, это жестоко: разве вы не видите, как она побледнела...

Барон. Что с вами, Консуэлла?

Консуэлла. Нет, ничего, я так.

Зинида. Просто ей надо отдохнуть, барон, ведь она еще не садилась... и такое волнение... Сядь здесь, девочка, укройся, отдохни немного. Мужчины так жестоки!

Консуэлла. Мне надо еще работать. *(Закрывая глаза)* А розы уже готовы?

Зинида. Готовы, готовы. У тебя будет такой необыкновенный ковер, ты понесешься, как по воздуху. Отдыхай.

Поли. Ты хочешь музыки? Мы сыграем тебе песенку, хочешь?

Консуэлла *(улыбаясь, с закрытыми глазами)*. Хочу.

Клоуны играют тихую и наивную песенку, тили-тили, поли-поли. Все молчат. Тот сидит в углу, отвернувшись; Джексон, косясь на него, лениво тянет вино. Барон, в своей обычной позе, широко и грузно расставив ноги, выпученными, неподвижными глазами смотрит в бледное лицо Консуэллы.

(Внезапно вскрикивая.) Ай! Мне больно.

Зинида. Что с тобою? Консуэлла!

Манчини Дитя мое! Ты нездорова? Успокойся.

Барон *(бледнея).* Постойте... она переволновалась. Консуэлла!

Консуэлла встает и смотрит перед собою широко раскрытыми глазами, как бы прислушивается к происходящему внутри.

Консуэлла. Ай! Мне больно. Вот здесь, где сердце. Папа, что это? Я боюсь. Что это? И ноги... что у меня с ногами? Я не могу стоять. *(Падает на диван, глаза расширены.)*

Манчини *(суетясь).* Доктора! Ах, боже мой, это ужасно. Огюст, барон... с ней никогда этого не бывало! Это нервы, нервы, успокойся, дитя...

Брике. Доктора!

Кто-то бежит за доктором. Испуганный голос Джексона.

Джексон. Тот, что ты! Тот.

Тот. Это смерть, Консуэлла. Моя маленькая царица, я убил тебя. Ты - умираешь! *(Бурно плачет.)*

Консуэлла вскрикивает и, закрыв глаза, затихает. Все в смятении. Барон неподвижен, видит только Консуэллу.

Манчини *(шипит).* Ты лжешь... мошенник! Проклятый комедиант, ты что ей дал? Ты отравил ее... разбойник! Доктора!

Тот. Доктор не поможет. Ты умираешь, моя маленькая царица. Консуэлла! Консуэлла!

Входит быстро Безано: "Директор!" - умолкает и смотрит со страхом. Вошел кто-то еще. Брике машет рукою: "Двери!"

Консуэлла *(голосом бледным и далеким).* Ты шутишь, Тот? Не пугай меня, я так боюсь. Это смерть? - Я не хочу. Ай... Тотик, миленький мой Тотик, скажи, что ты шутишь, я боюсь... золотой мой Тотик!

Тот повелительно отталкивает барона и становится на его место над Консуэллою. Барон стоит по-прежнему, видит только Консуэллу.

Тот. Да, я шучу. Разве ты не слышишь моего смеха, Консуэлла? Здесь все смеются над тобою... глупенькая! Не смейся, Джим, она устала и хочет спать... как можешь ты смеяться, Джим! Усни, моя дорогая, усни, мое сердце, усни, моя любовь!

Консуэлла. Да, мне теперь не больно. Зачем ты так шутил и напугал меня? Теперь мне смешно. Ты сам говорил, что я... буду... жить вечно...

Тот. Да, Консуэлла! Ты будешь жить вечно... усни! успокойся! *(Подняв руки, напрягает все силы и как бы все выше поднимает ее душу.)* Как тебе легко, как светло, сколько огней горит вокруг тебя... можно ослепнуть от света!!

Консуэлла. Да, светло. Это арена?

Тот. Нет, это море и солнце... какое солнце! Разве ты не чувствуешь, что ты пена - белая пена морская, и ты летишь к солнцу. Как тебе легко - у тебя нет тела - ты летишь! Еще выше, моя любовь!

Консуэлла. Я лечу. Я пена морская, а это солнце, оно так сияет... Мне хорошо. *(Умирает.)*

Молчание.

Тот еще стоит с поднятыми руками, взглядывает - и бросает руки вниз; шатаясь, отходит. Одну минуту еще стоит, потом садится, опустив голову на руки, одиноко борется с оцепенением надвигающейся смерти.

Брике *(тихо).* Она уснула, мама?

Зинида *(выпуская мертвую руку).* Боюсь, что нет... Отойди, Луи. Барон, вам лучше отойти. Барон, вы не слышите! *(Плачет.)* Луи, она умерла.

Плачут клоуны и Брике, Манчини ошеломлен; барон и Тот неподвижны - каждый на своем месте.

Джексон *(вынимая огромный цветной клоунский платок и вытирая слезы).* Увяла, как цветочек... спи, Консуэллочка. Только теперь и осталось, что следы твоих ножек на песочке.*(Плачет.)* Ах, что ты наделал, что ты наделал, Тот! Лучше бы ты не приходил сюда.

На арене музыка.

Брике *(машет рукой).* Музыку, остановить музыку. Там с ума сошли. Какое несчастье!

Кто-то выбегает. К плачущему Безано подходит Зинида - и гладит его по склоненной, напомаженной голове. Взглянув, он ловит ее руку и прижимается к ней глазами. Барон, вынув розу из петлицы, молча обрывает ее лепестки и бросает, придавливая ногою. В дверь заглядывают бледные испуганные лица - все та же маскарадная толпа.

Зинида *(через голову Безано).* Надо комиссара, Луи.

Манчини *(выходя из столбняка, кричит).* Полицию, полицию сюда. Это убийство. Я граф Манчини! Я граф Манчини! Тебе отрубят голову, разбойник, проклятый комедиант, вор! Я сам тебя убью, мошенник! Ах, ты!

Тот с трудом поднимает тяжелую голову.

Тот. Отрубят голову - а дальше что... ваше сиятельство?

Брике. Сударь, послушайте, сударь, я иду за комиссаром... сударь! Перестаньте!

Барон внезапно делает шаг вперед и, глядя в глаза Тоту, говорит хрипло, держась за горло и откашливаясь.

Барон. Я свидетель. Я видел. Я свидетель. Я видел, как он сыпал яд. Я... *(так же внезапно выходит, теми же прямыми и грузными шагами.)*

От барона со страхом сторонятся. Тот снова опускает голову; по его телу изредка пробегает дрожь.

Джексон *(всплескивая руками).* Так это все-таки правда? Отравил? Ах, Тот, какой же ты негодяй: разве так играют? Теперь и жди еще одной... последней пощечины от палача! *(Обводит вокруг шеи, намекая на гильотину.)*

Тили и Поли невольно повторяют его жест.

Зинида. Оставь его душу, Джим. Он был мужчина и любил... Счастливая Консуэлла!

В коридоре выстрел. Входит испуганный Томас и показывает на голову.

Томас. Барон... барон... череп! Застрелился!

Брике *(поднимая руки).* Боже, что же это? Барон? Какое несчастье над нашим цирком!

Манчини Барон, барон? - Да нет. Да что вы тут? Ах...

Брике. Успокойтесь, граф.! И кто бы мог подумать: такой... важный господин.

Тот *(с трудом поднимает голову, слабо различает помутившимися глазами).* Что еще... что случилось?

Томас. Барон застрелился. Честное слово: прямо сюда! Лежит.

Тот *(соображая)*. Барон? *(Смеется.)* Так барон... лопнул?

Джексон. Перестань! Стыдно. Человек умер, а ты... да что с тобою, Тот?

Тот встает, поднятый на ноги последней вспышкой сознания и жизни; говорит сильно и гневно.

Тот. Ты так любил ее, барон? Ты так любил? Мою Консуэллу? И ты хочешь обогнать меня и там? Нет! Я иду! И мы еще там поспорим с тобою - чья она навеки. *(Схватившись за горло, валится навзничь.)*

К нему бросаются. Смятение.

Занавес

Конец

Also available from JiaHu Books:

Русланъ и Людмила — А. С. Пушкин - 9781909669000

Евгеній Онѣгинъ — А. С. Пушкин — 9781909669017

Анна Каренина — Л. Н. Толстой - 9781909669154

Чорна рада — Пантелеймон Куліш - 9781909669529

Мать — Максим Горький — 9781909669628

Рассказ о семи повешенных и другие повести — Л. Н. Андреев — 9781909669659

Леди Макбет Мценского уезда и Запечатленный ангел - Н. С. Лесков - 9781909669666

Очарованный странник — Н. С. Лесков — 9781909669727

Некуда — Н. С. Лесков - 9781909669673

Мы - Евгений Замятин- 9781909669758

Евгений Онегин - либретто – 9781909669741

Пиковая дама — либретто - 9781909669918

www.ingramcontent.com/pod-product-compliance
Lightning Source LLC
Chambersburg PA
CBHW031407040426
42444CB00005B/460